Helga Keller mit ihrem Mann Rolf
im Urlaub bei Kalmar (2005)

Dieses Büchlein ist Helga Keller
in Erinnerung an viele Anregungen
freundschaftlichst zugeeignet

H. W.

Johann Dill (1927–2019)

«Eingeladen» nach Rußland

Wieder daheim

Erinnerungen und Dokumente eines Sinologen
und Bibliothekars

Herausgegeben von

Hartmut Walravens

2024

Umschlagbild:
Ein rezentes Foto des renovierten Hauptgebäudes von Schloß Menschikov, in dem die Familie Dill und die anderen «eingeladenen» deutschen Experten untergebracht waren (allerdings in den Seitenflügeln). Vgl. Wikipedia
(https://upload.wikimedia.org/wikipedia/commons/d/d4/Menshikovsky_Pal ace_in_Oranienbaum_01.jpg)

ISBN 978-3-7597-6857-5
© 2024 by H. Walravens

Die Deutsche Nationalbibliothek verzeichnet diese Publikation in der Deutschen Nationalbibliografie; detaillierte bibliografische Daten sind im Internet über *dnb.dnb.de* abrufbar.

Herstellung und Verlag: BoD – Books on Demand, Norderstedt

Johann Dill
(1927–2019)

Christa Dill, geb. Umbreit
(1926–2004)

Inhalt

Vorwort

Wir mussten uns verabschieden von unserem Onkel und Großonkel

Dr. Johann Dill.

*Am 7. November 2019 ist er im Alter von 92 Jahren
friedlich für immer eingeschlafen.*

*Im Namen aller Angehörigen
Hans-Rainer Prinz (Neffe) mit Familie
Anne-Christel Rinke (Nichte) mit Familie*

Die Trauerfeier fand auf Wunsch des Verstorbenen im engsten Kreise statt.

Erkner, 17. November 2019

So lautete die Anzeige, die Kunde von Johann Dills Abschied für immer gab. Seine Frau war bereits 2004 verstorben, und so schloß er seine autobiographischen Notizen anläßlich seines 80. Geburtstags mit den elegischen Worten: «nun wartet der Verfasser der Briefstellen erneut auf die Abreise, möge sie ihm bald zuteil werden.»

Johann Dills Lebensweg war nicht geradlinig: Nach Kriegsende wurde sein Vater, ehemals Chefkonstrukteur bei Telefunken, wie eine Anzahl anderer deutscher Experten, in die Sowjetunion «eingeladen», wo er mit seiner Familie die meiste Zeit in vergleichsweise angenehmen Umständen lebte, vorwiegend in Oranienbaum, das später in Lomonosov umbenannt wurde. Johann war bestrebt, sein Abitur zu machen und zu studieren, schon «um seinem alten Herrn nicht zu lange auf der Tasche liegen» zu müssen. Dazu mußte er zunächst Russisch lernen, was er mit seltener Hartnäckigkeit (und mit Erfolg) unternahm und sogar anderen Internierten sowie seiner jüngeren Schwester Unterricht geben konnte. Auch gelang es ihm, die behördliche Erlaubnis zum Studium zu erlangen und die Aufnahmeprüfung für das Fach Sinologie an der Leningrader Universität zu bestehen. Das Russische und die russische Literatur wurden ihm eine Lieblingsbeschäftigung, die zeitlebens anhielt.

1952 durfte die Familie Dill aus der Sowjetunion ausreisen, und Johann wurde an die Humboldt-Universität zum weiteren Studium überwiesen. Dort wurde er Schüler des aus Tiflis gebürtigen Professors Paul Ratchnevsky (1899–1991), eines Sinologen traditioneller Ausrichtung. Das erwies sich als Hindernis bei der Promotion von Johann Dill: Gegner Ratchnevskys scheuten sich nicht, dessen Schüler mit ideologisch verbrämten Argumenten den Weg zu verbauen, und erst den Bemühungen des aufrechten Ernst Wirkner (1927–2020) war es zu verdanken, daß die Promotion doch noch zustande kam. Da nunmehr keine Aussicht bestand, eine Stelle an der Humboldt-Universität zu bekommen, war Dill froh, eine Position als Fachreferent in der Asien-Afrika-Abteilung der Deutschen Staatsbibliothek zu erhalten. Dort machte er sich neben seiner laufenden Arbeit insbesondere durch seinen Sprachunterricht für Mitarbeiter des Hauses, aber auch anderer Institutionen nützlich.

Veröffentlicht hat er wenig. Die Dissertation:

> Johann Dill: *Untersuchungen zu Charakter und Struktur gegen die «Öffentliche Ordnung» verstoßenden Bewegungen des Zeitraums 1– 33 u.Z. in China.*
> Berlin 1966. CXVII, 240 S. Diss. Humboldt-Universität

wurde zwar für eine Publikation in der Sowjetunion (in russischer Übersetzung) vorgeschlagen, und zwei positive Gutachten liegen dafür vor, doch kam die Veröffentlichung (im Verlag Nauka) aus unbekannten Gründen nicht zustande.

Aus der Assistentenzeit bei Ratchnevsky stammt:

> Paul Ratchnevsky: *Historisches-terminologisches Wörterbuch der Yüan-Zeit: Medizinwesen.* Unter Mitarbeit von Johann Dill und Doris Heyde.[1]
> Berlin: Akademie Verlag 1967. XIX, 118 S.
> (Veröffentlichung. Institut für Orientforschung 66.)

Der Aufsatz:

> Johann Dill: Die Typographia Sinica in der Asien-Afrika-Abteilung der Deutschen Staatsbibliothek. *Marginalien* 100.1985, 85–96

erschien in den Blättern der Pirckheimer-Gesellschaft und stellt die erste ausführlichere Beschreibung der in der Staatsbibliothek erhaltenen chinesischen Typographie des Bernauer Propstes und Chinesischen Bibliothekars des Großen Kurfürsten, Andreas Müller (?1630–1694) dar.

Trotz des nicht ganz gewöhnlichen Lebensweges würden sich Historiker Johann Dill nicht als Gegenstand einer Biographie wählen: besonders hervorstechende sinologische oder bibliothekarische Leistungen oder Veröffentlichungen sind nicht zu vermelden. Aber Dills eigene autobiographische Skizzen und die sorgsam ausgewählten Auszüge aus seinen Briefen an die Jugendfreundin (und spätere Frau) Christa Umbreit über das Leben in der Expertengruppe in Oranienbaum – das Unternehmen wurde lange als Verschlußsache in der DDR behandelt – atmen Frische und Offenheit und vermitteln die Erlebnisse eines Heranwachsenden; als Leser fühlt man sich wie ein Augenzeuge.

Helga Keller

Daß das Manuskript zur Kenntnis des Herausgebers kam, verdankt er, wie viele andere Anregungen und Informationen, Helga Keller, seiner ehemaligen Kollegin in der Staatsbibliothek zu Berlin Preußischer Kulturbesitz,

---

1   Doris Heyde (13.6.1931–1993), Sinologin, ebenfalls Assistentin von Paul Ratchnevsky.

wo sie seit dem 1.8.1961 (damals noch: Deutsche Staatsbibliothek) und bis zum 31.12.2000 in der Asien-Afrika-Abteilung (später Ostasienabteilung) tätig war. Sie war ungemein rührig, kannte die Bestände genau und freute sich, ihr Wissen und ihre Funde weiterzugeben. Der Herausgeber erinnert sich, wie sie ihm des öfteren mit strahlendem Gesicht ein Buch oder eine Xerokopie zeigte mit den Worten: «Kennen Sie das?» oder «Wußten Sie schon ...» «Ist das nicht interessant?»

Sie erzählte gelegentlich auch von Personen, Kollegen, mit denen sie noch Kontakt hatte, so von Rainer Schwarz (1940–2020), einem hervorragenden Übersetzer, der fünf Jahre auf die erste vollständige deutsche Übersetzung des vielleicht bedeutendsten chinesischen Romans, des *Shitouji* 石頭記 (*Geschichte vom Stein*, auch unter dem Titel *Hongloumeng*, *Traum der Roten Kammer*) verwendet hatte, aber das Ergebnis seiner Arbeit nicht veröffentlichen konnte, da die deutsche Vereinigung den Buchmarkt völlig verändert hatte. Der Kontakt war schnell hergestellt und mehrere Manuskripte von Rainer Schwarz wurden publiziert:

[Hrsg.] YÜE Jun: *Geschichten vom Hörensagen*. Novellen der Qing-Zeit. Aus dem Chinesischen übersetzt von Rainer Schwarz.
Wiesbaden: Harrassowitz 2003. 202 S.
(Asien- und Afrika-Studien der Humboldt-Universität zu Berlin 14.)

H. Walravens: *Shitouji. Die Geschichte vom Stein*, auch bekannt unter Franz Kuhns Paraphrase Der Traum der Roten Kammer. Zu einer vollständigen deutschen Übersetzung des Shitouji (Hongloumeng) – Geschichte vom Stein [Zum Vorabdruck von Kapitel 18 in der Übersetzung von Rainer Schwarz].
DCG Mitteilungsblatt 47 (1/2004), 42–43

[Hrsg.] Hebengge: *Nachschriften von Nachtgesprächen*. (Auswahl, Übersetzung aus dem Chinesischen, Einleitung, Anmerkungen und Register von Rainer Schwarz.)
Berlin: Staatsbibliothek 2006. 313 S.
(Neuerwerbungen der Ostasienabteilung. Sonderheft 11.)

H. Walravens [Nachbemerkung zu:] Hebengge: Bibi und Birnblüte. Zwei Erzählungen aus der Sammlung Nachschriften von Nachtgesprächen (Aus dem Chinesischen von Rainer Schwarz).
Hefte für Ostasiatische Literatur 39. (Nov.) 2005, 21–34 (33–34)

[Hrsg.] SCHEN Tji-feng [SHEN Qifeng 沈起鳳]: *Die Scherzglocke*. [諧鐸]
Einleitung, Auswahl und Übersetzung aus dem Chinesischen, Anmerkungen und Register von Rainer Schwarz.
Berlin: Staatsbibliothek 2006. 133 S.
(Staatsbibliothek zu Berlin. Neuerwerbungen der Ostasienabteilung. Sonderheft 14.)

H. Walravens: [Nachwort] Zur ersten vollständigen deutschen Übersetzung des Shitouji (Hongloumeng) – Geschichte vom Stein.

TSAU Hsüe-tjin [CAO Xueqin]: *Der Traum der Roten Kammer oder Die Geschichte vom Stein.* Übers. Rainer Schwarz. Bochum: EVS 2007. Bd 2, S. I–XVII

Vladimir Sergeevič Starikov: *Die materielle Kultur der Chinesen in den Nordostprovinzen der VR China.* Aus dem Russischen übersetzt von Rainer Schwarz. Herausgegeben von Mareile Flitsch und Hartmut Walravens.
Wiesbaden: Harrassowitz 2008. 317 S.
(Opera Sinologica. Dokumente 2.)

Aufzeichnungen über die Meere (Hai-lu 海錄). Niedergeschrieben von YANG Bingnan 楊炳南 nach dem mündlichen Bericht von XIE Qinggao 謝清高. Deutsch von Rainer Schwarz. Mit Nachwort und Register herausgegeben von H. Walravens.
Staatsbibliothek zu Berlin 2011. 97 S.
(Neuerwerbungen der Ostasienabteilung. Sonderheft 25.)

H. Walravens: Vorwort.
Aufzeichnungen über die Meere (Hailu 海錄). Niedergeschrieben von Yang Bingnan, nach dem mündlichen Bericht von XIE Qinggao. Übersetzt und mit einer Einführung von Rainer Schwarz. Herausgegeben von Martin Hanke.
Gossenberg: Ostasien-Verlag 2020, XIII–XIX

Autobiographische Skizzen / Rainer Schwarz (1940–2020). Herausgegeben von H. Walravens.
Norderstedt: BoD 2022. 98 S. ISBN 978-3-7568-2743-5

H. Walravens: Rainer Schwarz (1940–2020) zum Gedenken.
Orientierungen 33.2021–22, 1–17

[Hrsg.] Rainer Schwarz: *Von Heinrich Heine zu Sai Jinhua und Baron Ketteler (1900). Chinesisches aus der deutschen Geschichte.*
Norderstedt: BoD 2023. 128 S. ISBN 978-3-7347-5593-4

Diese stattliche Reihe von Veröffentlichungen wäre ohne Helga Kellers Anregungen und Bemühungen unmöglich gewesen![2]

Auch die autobiographischen Skizzen und Dokumente Johann Dills verdanken ihre Veröffentlichung Helga Keller. Sie kannte ihren Kollegen gut und setzte sich dafür ein, daß seine Erinnerungen bekanntgemacht würden. Sie hat außerdem an einem kritischen Punkt seines Lebens die richtigen Ratschläge gegeben, die zu einer positiven Wendung führten, wie Dill selbst berichtet.

---

2   Hier sei auch der Unterstützung des Abteilungsleiters gedacht, Dr. Rainer Krempien (1942–2022), der liebenswürdig die Schriftenreihe der Abteilung für einige Titel öffnete.

Helga Keller hatte wenig Zeit und Gelegenheit zu publizieren. Sie war als Fachreferentin für Ostasien mit ihrer bibliothekarischen Arbeit voll ausgelastet. Dem Herausgeber bekannt geworden sind:

Helga Keller: Die chinesischen Bücher der Bibliothek des Großen Kurfürsten.
In: *Der Große Kurfürst, Sammler, Bauherr, Mäzen.* Potsdam: Generaldirektion der Staatlichen Schlösser und Gärten 1988, 58–60

Helga Keller: Libri sinici.
In: Herbert Bräutigam: *Schätze Chinas in Museen der DDR. Kunsthandwerk und Kunst aus vier Jahrtausenden.* Leipzig: VEB E. A. Seemann (1990), 90–96

Die Sammlung Franke in der Preußischen Staatsbibliothek. Bearbeitet von Helga Keller. Herausgegeben und mit Registern versehen von H. W. Wiesbaden: Harrassowitz 2001. 180 S. ISBN 3-447-04495-0 (Orientalistik Bibliographien und Dokumentationen 15.)

H. Walravens: *Libri sinici, Neue Sammlung 1913–1945. Ein Bestandskatalog der Staatsbibliothek zu Berlin Preußischer Kulturbesitz.* Stuttgart: Steiner 2009. 501 S. ISBN 978-3-515-09314-9 (Chinesische und manjurische Handschriften und seltene Drucke. Teil 6.) (VOHD XII,6)
[Helga Keller hat die Besitznachweise überprüft – keine geringe Arbeit!]

Diese Mitteilungen und Hinweise dürften erklären, warum es dem Herausgeber ein Anliegen ist, Helga Keller für ihre vielfachen Anregungen zu danken und dies in die Form der Widmung dieses Büchleins zu kleiden!

Zum Text von Johann Dills Erinnerungen

Der Originaltext ist ohne Änderungen oder Kürzungen wiedergegeben; lediglich offensichtliche Schreibfehler wurden korrigiert; Seitenverweisungen wurden ausgelassen, da diese Funktion durch ein Register ausgefüllt wird. Die Anmerkungen und Übersetzungen russischer Wörter stammen meist vom Herausgeber.

Ein ganzes Kapitel der Erinnerungen, nämlich die von Christa Dill verfaßte Geschichte des Hausbaus in Erkner mit Hilfe einer «Rentner-Brigade», ist fortgelassen worden, da es zwar lokalgeschichtlich interessant ist, aber nicht orientalistisch. Ebenso sind aus dem Dokumententeil Belege für Werkverträge zum Sprachunterricht nicht abgedruckt. Für freundliche Informationen sei Dr. Oliver Corff und Frau Dr. Cordula Gumbrecht herzlich gedankt. Frau Susanne Keller übermittelte Nachrichten von und zu ihrer Mutter.

Einleitung

Diese meine Erinnerungen schreibe ich in meinem achtzigsten Lebensjahr auf. Wer ich bin? Mein Name ist Johann Dill, geboren wurde ich am 6. Oktober 1927 in Berlin und bin nun seit 1932 wohnhaft in Erkner, einem Vorort von Berlin, der 30 Kilometer im Osten von Berlin Mitte gelegen ist. Was mich veranlasst hat, meine Erinnerungen an die Zeit meines Aufenthaltes in Lomonosov schriftlich niederzulegen? Das war der Besuch von Frau Dr. Rietschel-Kluge[3] im April dieses Jahres. Ich hatte ihr die Photoalben und den Briefwechsel gezeigt, die ich zu diesem Thema habe, und nachdem ich ihr erzählt habe, woran ich mich so aus dieser Zeit erinnere, da fragte sie mich, ob ich das nicht aufschreiben könne, es würde bestimmt den einen oder anderen interessieren. Das habe ich ihr versprochen.

Mein Vater war Chefkonstrukteur für Funk- und Fernmeldewesen bei Telefunken, und da es nach Kriegsende recht umständlich war, nach Berlin rein zu kommen, hat ihm der Personalchef von Telefunken geraten, doch erst einmal im Osten, in Berlin-Schöneweide unter zu kommen, bis der Bahnbetrieb wieder regelmäßig aufgenommen sein würde. Gesagt, getan, Vater übernahm ein Konstruktionsbüro in Schöneweide, das unter russischer Aufsicht stand. Eines Tages, im Sommer 1946, besuchte uns ein russischer Offizier, um, wie er sagte, festzustellen, welche Kriegsschäden unser Haus aufzuweisen hat, damit diese dann behoben werden können. Er hat sich die Wohnung angesehen und einige Notizen gemacht und sich freundlich verabschiedet. Wie wir nun wissen, hat er uns er nicht der Kriegsschäden wegen besucht, sondern um festzustellen, wie viel Laderaum pro Eisenbahnwagen beim Verladen unseres Hausstandes bereit gestellt werden muß. In der Nacht zum 23. Oktober 1946 klopfte es dann an unserer Haustür (das Gartentor hatten wir nie abgeschlossen) und mein Vater klopfte, bevor er aufschloß, an meine Tür und bat mich aufzustehen, da draußen könnten Russen sein. So war es. Ein russischer Offizier bat, meinen Vater zu sprechen. Wir ließen ihn eintreten, ich blieb im Flur zurück und Vater führte ihn ins Wohnzimmer. Vater hat mir dann erzählt, der Offizier hätte ihm gesagt, daß Stalin ihn zur Arbeit in der Sowjetunion einlädt, worauf Vater geantwortet hat, er danke sehr für die Einladung, aber er hätte hier reichlich Arbeit und möchte doch lieber hier bleiben. Na und dann wurde ihm klar gemacht, dass die Einladung nicht abgelehnt werden kann. Draußen auf der Straße standen Lastkraftwagen und russische Soldaten bereit, und wir wurden «eingeladen» in direktem und übertragenem Sinne. Wir konnten alles mitnehmen, was wir wollten. Ab ging es zum Güterbahnhof in Erkner, dort stand ein langer Güterzug und entsprechende Personenwagen bereit; ununterbrochen rollten auch aus Berlin die Lastwagen mit eingeladenen Spezialisten plus Hausrat heran, ich durfte das Bahngelände verlassen (die Spezialisten natürlich nicht) und eilte zu meinem Schulfreund, um ihm die Neuigkeit zu vermelden. Ich

---

3   Dr. Roswitha Rietschel-Kluge, Leiterin des Lomonosow-Ausschusses in Oberursel. Es gibt eine Städtepartnerschaft zwischen beiden Orten.

bekam noch eine schöne Ausgabe französischer Schriftsteller als Geschenk
mit, eilte zurück, und als der Tag anbrach setzte sich unser Sonderzug gen
Osten in Bewegung. Wir bekamen Lebensmittel zugeteilt und fuhren nun
einer doch recht ungewissen Zukunft entgegen, nach Leningrad hieß es,
sollte es gehen. Wie lange die Bahnfahrt gedauert hat, erinnere ich mich
nicht mehr, doch mindestens eine Woche, wenn nicht gar 14 Tage. In
Brest-Litowsk wurde alles umgeladen auf russische Spurbreite und
russische Personenwagen mit Samowar und Zugpersonal für jeden Wagen
mit breiten Liegemöglichkeiten pro Person, es war sehr gemütlich und für
mich sehr spannend. Nun wurde mir klar, dass ich jetzt Russisch zu lernen
hatte. In der Schule in Erkner hatte ich mich geweigert, Russisch zu lernen,
keine Lehrbücher, letzte Klasse vor dem Abitur, keine ordentlichen
Kenntnisse in den Schulfremdsprachen Englisch, Französisch, Latein und
nun noch Russisch! Nein und abermals nein! Aber nun? Unser
Russischlehrer, Herr Stauf, der lange Jahre in Sankt Petersburg an einer
Bank gearbeitet hat, hat immer zu mir gesagt, «wenn Sie wüßten, wie
schön es ist, Puschkin zu lesen in dieser Sprache». Wie recht er gehabt hat.
Ich habe ihm das nach unserer Rückkehr bestätigt. Die ersten
Bekanntschaften wurden im Zug gemacht, die dann über Jahre hinaus
beibehalten wurden. Das uns «Reisenden» unbekannte Ziel war Sestrorezk.
Baedekers Russland, Leipzig 1912, S. 188 macht folgende Angaben: Von
Nowaja Derewnja nach Ssestrorezk: 26 Werst Ssestrorezk, mit einer von
Peter dem Großen gegründeten kaiserlichen Gewehrfabrik, nach 29 Werst
Kurort-Ssestrorezk, ein 1900 am Finnischen Meerbusen inmitten
Nadelwaldes angelegter Badeort (Kurhaus, mit großem Konzertsaal, 64
Zimmer ...), mit einem Bronzestandbild Peters des Großen als
Zimmermann, Sanatorium, Strandpromenade (abends elektrisch
beleuchtet), geschützter Wandelhalle, Badekarren usw. Dort wurden die
Spezialisten und ihre Familienangehörigen an zwei Standorten
untergebracht, die zum einen aus zwei großen Villen und zum anderen aus
einem etwa 10 Minuten Fußweg von diesen entfernt gelegenem größeren
Gebäudekomplex, dessen amtliche Bezeichnung 15 Дом отдыха
[Ferienhaus] war, bestanden. Unsere Familie (die Eltern, meine kleine
Schwester (12 Jahre alt) und ich (19 Jahre alt) wurden in der einen Villa
untergebracht, in der auch Herr Abermeth und Frau, und Herr und Frau von
Löwis mit ihren vier Söhnen Herrmann, Andreas, Richard und Michael
wohnten. Die andere Villa nebenan bezogen Chemiker aus Leuna, Herr Dr.
Wyszomirsky und Frau mit ihren drei Kindern Rosemarie, Ernst und
Helmut, Herr Dr. Kaufmann mit Frau und Sohn Gerhard, Herr Lorenz mit
Frau und Sohn, dann (keine Chemiker) Professor Lübke, Herr Dr. Gutsche
mit Frau und noch weitere Forscher, an die ich mich aber nicht erinnern
kann. Viele weitere Spezialisten bezogen dann ihre Quartiere im besagten
Дом отдыха. Wir Villenbewohner marschierten jeweils zu den Mahlzeiten
dorthin in eine gemeinschaftliche Stolovaja [Kantine]. Unsere Familie hat
sich dann aber bald selbständig gemacht, wir bekamen die uns zustehenden
Lebensmittel ausgehändigt und Mutter bekochte uns wie gewohnt in bester
Weise. Und nun harrten wir der Dinge, die da kommen sollten. Man hoffte
auf einen Sprachkursus, der aber nie zustande kam, ich glaube, man war

nicht daran interessiert, und so kam es, daß nach einigen Wochen unseres Daseins in Sestrorezk eines Tages Herr Abermeth die Frage an mich richtete, ob ich ihm nicht Russisch beibringen möchte. Auf meine erstaunte Erwiderung, daß ich ja selbst nicht Russisch kann, sagte er, doch, ich sehe Sie immer mit Vokabelheft zum Essen gehen, sie müssen also mehr wissen als ich. Das war die Grundsteinlegung für meine Russischkenntnisse (verbunden mit einem königlichen Honorar von 20 Rubeln pro Stunde), denn wer lehrt, der lernt. Für mich selbst hatte mein Vater gesorgt. In dem nahegelegenen Wohnort war er einer jungen russischen Frau begegnet, die im Kriege in Deutschland arbeiten mußte und also etwas Deutsch sprach. Sie hieß Nina. Vater engagierte sie, und sie machte Russisch mit mir: was heißt Fenster, Zimmer, Stuhl, Tisch usw., ich lernte die Aussprache und war erst einmal untergebracht und beschäftigt, während meine kleine Schwester sich noch der Freiheit erfreute. Für uns Jugendliche fortgeschrittenen Alters organisierten die Forscher einen kleinen Schulbetrieb, so machte z. B. Herr Hildebrandt deutsche Literatur mit uns. In Sestrorezk habe ich auch erfahren, in welch schlechtem Ruf wir Berliner standen. Wir Jugendlichen wollten einmal nach Leningrad fahren, aber ein Mädchen durfte nicht mit, weil da ein Berliner (das war ich) dabei war.

Hauptgebäude des Menschikov-Schlosses
Wikipedia
(https://upload.wikimedia.org/wikipedia/commons/d/d4/Menshikovsky_
Palace_in_Oranienbaum_01.jpg)

Als wir in Sestrorezk ankamen, es war Anfang November, lag bereits Schnee und es war kalt. Von deutschen kriegsgefangenen Schneidern konnten wir uns nun saisongemäß einkleiden lassen, Wintermäntel, Anzüge, wir machten die erste Bekanntschaft mit den russischen Filzstiefeln (валенки), ich kaufte mein erstes russisches Buch: Gorki: *Das*

Nachtasyl (На дне), was natürlich für einen Anfänger viel zu schwer war, und als ich eines Tages mit dem dicken Wörterbuch von Pavlowski aus Leningrad kam, hat man mir einreden wollen, ich hätte mich bekauft, was natürlich nicht stimmte, in der DDR ist dieses Wörterbuch im Nachdruck für 90 Mark auf dem Büchermarkt erschienen.

Im Frühsommer des nächsten Jahres (1947) sind dann die Spezialisten aus Eckernförde und einige, die woanders her kamen, nach Oranienbaum umgezogen, das 1948 zu Lomonosov umbenannt wurde. Untergebracht wurden wir im Schloß Menschikov (дворец Меншикова), die meisten im Schloßflügel an der Straßenseite, einige im Mittelteil des Schlosses, aus dem sie dann aber nach einiger Zeit in den anderen Schloßflügel umziehen mußten, wo dann die Familie von Löwis, Herr Scholz mit Frau und Tochter Helga, Herr Dr. Gutsche mit Frau, Herr Professor Lübke, Herr Bachmann wohnten. In unserem Flügel wohnten Frau Dühring mit zwei erwachsenen Töchtern, Herr Ewald, Herr Böse, Herr Gräfe, Herr Sedler mit Frau und Tochter Ingrid, Herr Martin mit Frau, Herr Graf mit Frau, Fräulein Jäschke, Herr Glöde, Herr Promnitz mit Frau und Tochter, Herr Kroll mit Frau und zwei Töchtern, Herr Hildebrand mit Frau, Herr Dr. Klemke mit seiner Mutter, Herr Macbach, Herr Dr. Heinzerling mit Frau, Herr Magerstädt mit Frau, Herr Gramüller mit Frau und Sohn, Herr Abermeth mit Frau, Herr Dill mit Frau, Tochter und Sohn, Herr Simmel mit Frau und Tochter Anita, Herr Lawitschka mit Frau, Tochter und Sohn und Herr Mysliwetschek mit Frau und zwei Töchtern.[4]

Ich wage zu behaupten, daß wir es von allen Rußlandfahrern des Leningrader Raumes am besten getroffen hatten, der herrliche Park mit seiner schöner Umgebung, die bequeme Verbindung nach Leningrad per elektrischer Bahn, die unmittelbare Nähe von Peterhof mit seinem leider zerstörten Schloß aber den großartigen Wasserspielen. Und noch eines ist als bemerkenswert an dieser Stelle zu erwähnen. Wir sind 1 Jahr nach dem furchtbaren Krieg nach Rußland gekommen. Alle großen Schlösser um Leningrad durch den Krieg zerstört, die Hungerblockade in Leningrad, und trotz all dieser Greuel und Schrecknisse ist man uns Deutschen immer und überall, auf den Straßen, auf dem Markt, in der Schule, in der Universität freundlich und ohne Haß begegnet!

Was die Forscher in ihrer Freizeit getrieben haben, wie Russisch gelernt wurde, das alles geht auch aus den Briefstellen hervor und braucht hier nicht wiederholt zu werden. Ein kleines Problem hatten wir aber immer mit dem Weihnachtsbaum zum 24. Dezember, da gab es noch keine zu kaufen und wir stibitzten sie aus dem Wald. So auch Dr. Klemke[5]. Die Kollegen hatten gesprächsweise gehört, daß er sich einen besorgen wollte,

---

4   Das Unternehmen unterlag strenger Geheimhaltung. Einige meist technische Details finden sich in jetzt freigegebenen CIA-Berichten, aus denen einige Namen bzw. Namensvarianten entnommen sind: Hubert Abermeth, Bruno Boese, Johann Dill, Ursula Duering, Georg Gloede, Helga Gloede, Gerhard Graefe, Kaspar Graf, Hermann Grahmüller, Heinz Heinzerling, Ernst Hildebrandt, Elisabeth Jäschke, Elfriede Kahmann, Dr. Kaufmann, Ewald Klemke, Roman Koll, Eduard Krochmann, Kurt Lawitschka, Ernst Luebcke, Frank Maeckbach, Hans Martin, Hans Mysliwetschek, Heinz Promnitz, Walter Scholz, Gerhard Sedler, Anita Simmel.
5   Der Mathematiker Ewald Klemke.

da und da und zu der und der Zeit. Da haben sich nun einige Kollegen an bezeichneter Stelle versteckt, und als sich der Delinquent mit seinem Bäumchen auf und davon machte, ließen sie ihn ein Stück des Weges ziehen, brachen dann aus ihrem Versteck hervor und verfolgten ihn in gehöriger Entfernung und mit lautem Rufen «Стой, Стой!» [HALT, HALT!], bis der zu Tode Erschrockene und Geängstigte im Schloßeingang verschwand. Während meines Schulbesuches in Lomonosov wurde nun eines Tages im Literaturunterricht Fadeevs Werk «Молодая гвардия»[6] besprochen, wo auch die Greueltaten der deutschen Soldaten zur Sprache kommen. Ich saß während dieser Zeit recht unglücklich auf meiner Schulbank, und als die Stunde zu Ende war, hat mich unsere Russischlehrerin, Валентина Николаевна Лошёнева[7], zu sich gerufen und gesagt: Jogan, wenn Sie so dasitzen, kann ich den Unterricht nicht weiterführen. Es gibt das russische Sprichwort «Нет семи без урода[8]» (Keine Familie ohne Mißgeburt), und als in der Physikstunde unserem Lehrer die Kreide zerbrach und ich, der vorn saß, aufstand und sie ihm aufhob, hat er sich an die Klasse gewandt und irgendetwas gesagt, ich weiß aber nicht mehr genau, was er gesagt hat. Wie ich meinen Klassenkameraden im Deutschen nicht mehr helfen durfte, da die Lehrerin festgestellt hatte, ich würde ein falsches Deutsch sprechen, habe ich in den Briefstellen erzählt. 1950, als ich dann nach der Schulzeit zur Aufnahmeprüfung zur Universität nach Leningrad mußte, wurden mein Vater und ich am Vorabend zu unserem Kommandanten beordert. Dieser Kommandant hatte in der Kolonie den Spitznamen «Sekundenzeiger» erhalten, es war irgendwie ein verklemmter, ein wenig kleinlicher Charakter, der uns nun eröffnete, ich dürfte an der Universität mit keinem Mädchen sprechen, dürfte mich nur im Universitätsgebäude aufhalten und hätte nach dem Unterricht schnurstracks auf geradem Wege ins Schloß zurückzukehren (ich war nun der einzige in der Kolonie, der im Falle bestandener Aufnahmeprüfung ohne Begleitung eines Dolmetschers in Zukunft umherflattern konnte). Na, Vater und ich haben ihm beteuert und versichert, daß wir getreulich und gewissenhaft nach seinem Gebote handeln würden. Der Dolmetscher, der mich an der Universität abliefern sollte, wurde benannt, die Uhrzeit festgelegt. Und wer am nächsten Morgen nicht da war, war der Dolmetscher. Da habe ich mir die Zug- und Wagonnummer aufgeschrieben, bin zum Wagenbegleiter (вагоно-вашатый[9]) gegangen, und habe ihn gebeten, mich in Leningrad beim Bahnhofskommandanten abzuliefern. Trotz seinem völligen Unverständnis hat er es schließlich getan. Das gleiche Unverständnis und Verwunderung legte auch der Bahnhofskommandant an den Tag, als ich ihm meine Geschichte erzählte und ihn bat, mich in der Universität abzuliefern und wieder abzuholen. Er machte sich ein paar Notizen, wünschte mir «ни nyxa ни пера» (Hals- und Beinbruch) und entließ mich offensichtlich erheitert ohne seine Begleitung.

---

6   Moskva: Pravda 1946. 327 S.
7   Valentina Nikolaevna Lošёnova
8   *Net semi bez uroda.*
9   *vagonovašatyj.*

Die Aufnahmeprüfung bestand ich bei so guten Wünschen des Bahnhofskommandanten, ich kehrte allein zurück und nach kurzer Zeit erhielten wir einen Oberst a. D., einen sehr, sehr netten neuen Kommandanten für die verbleibenden Jahre unseres Aufenthaltes in Lomonosov, und ich habe an der Universität mit meinen Kommilitoninnen gesprochen und bin nicht immer nach der Vorlesung schnurstracks ins Schloß zurückgekehrt. Mit meinem Freund Juri Veledin mußte ich den Kontakt aufgeben, da er nach dem Abitur die Offiziersschule besuchte und keinen Kontakt zu Ausländern haben durfte. An der Universität war ich dann mit Sascha Menschikov eng befreundet. Er hat mir erzählt, daß sein Vater im Krieg umgekommen sei, und daß ich ihm dennoch so sehr symphatisch sei, und ich habe ihm erzählt, daß russische Soldaten meinen Onkel Rudolf erschossen haben, als er sich vor seine älteste Tochter gestellt hat, und wir haben uns beim Abschied versprochen, immer am 1. Mai aneinander zu denken. Ob er wohl noch am Leben ist ?

Die nachfolgenden Briefstellen sind den Briefen entnommen, die der neunzehnjährige Schüler der Abiturklasse der Theodor Fontane Oberschule in Erkner, ab 1950 der dreiundzwanzigjährige Student der Leningrader Universität, Johann Dill, an seine Klassenkameradin, ab 1950 Mitarbeiterin am Goethewörterbuch der Deutschen Akademie der Wissenschaften zu Berlin, Christa Umbreit, schreibt. Die Schulausbildung des Briefschreibers wurde zweimal unterbrochen, das erste Mal durch den Krieg, als er mit 15 Jahren als Luftwaffenhelfer eingezogen wurde, das zweite mal 1946, als er im Zuge der Dienstverpflichtung des Vaters (als Familienmitglied) mit nach Russland übersiedeln mußte. Aus dieser Situation heraus erklärt sich der Inhalt dieser Briefstellen, sie spiegeln das enge Blickfeld des Verfassers wieder, der nun bemüht war, doch endlich zu einem Schulabschluß zu kommen, der ihm den Eintritt in das Berufsleben der Erwachsenen eröffnete. Es waren recht harte Bedingungen, oftmals recht aussichtslos erscheinende Perspektiven auf Erfolg, es waren eben die Lehrjahre, arbeitsreich aber doch schön, derer sich der Briefschreiber gerne und ohne Widerwillen erinnert. Sowohl die Adressatin als auch der Empfänger der Antwortbriefe seiner Briefpartnerin haben den Briefwechsel lückenlos aufbewahrt.

Ab 1953 bis 2004 sind dann beide Briefpartner gemeinsam 51 Jahre lang durch das Leben gewandert, nun wartet der Verfasser der Briefstellen erneut auf die Abreise, möge sie ihm bald zuteil werden.

Erkner, 10.7. 2007

Aus den Briefen an Christa Umbreit

Sestrorezk, 25.11. 1946

Oh Gott! Wenn ich doch nur erst Russisch sprechen könnte! Ich habe es so gemacht, dass eine Russin, die deutsch spricht, mir mit Hilfe ihres Sprachschatzes wertvolle Unterstützung zuteil werden lässt, indem sie mit mir nach Leningrad fährt und ich sie meinerseits in alle Bücherläden schleppe. ... ich habe außerdem ein словарь gekauft, einen unheimlichen Wälzer, prächtig in Leder gebunden für nur 50 Rubel[10]. Noch etwas über meinen Tagesablauf. Aufstehen um 7^{15}, dann mache ich Englisch «A Christmas carol in prose» by Charles Dickens, Seite 50 zur Zeit. Um 9 Uhr geht es ins Restaurant (столовая) zum Essen. Anschließend lerne ich bis zum Mittag Russisch (Steinitz[11]). Nach dem Essen Russisch, russische Literaturgeschichte, am Abend Russisch mit der Russin. Danach Stärkung der Allgemeinbildung bis 22^{30}, потом конец[12].

Sestrorezk, 24. 3. 1947

... Schlage statt dessen vor zu pauken, egal was, habe hier wieder gesehen wie wenig ich weiß, bis zur Trostlosigkeit, sage ich Dir, jedoch was hilft es, rette was zu retten ist. Bin zur Zeit auch wieder in einer «Krise», jeden Abend wird es mindestens 24 Uhr. bevor ich ins Bett steige, trotzdem, es geht nicht so wie ich will. Na, Tee trinken.

Sestrorezk, 5.4. 1947

Vergangenen Sonnabend habe ich bis nächsten Morgen das Tanzbein geschwungen, es war recht nett, Kostümfest der deutschen Spezialisten hier, und wenn ich auch nur eine kleine Blume im Knopfloch hatte, amüsiert habe ich mich doch. ... In gewissen Formen habe ich mich zum Vollphlegmatiker entwickelt, ich lerne nur noch Russisch – weiter nichts, stur heil!

Sestrorezk, 8.4. 1947

Nun noch etwas von mir: Alles beim alten. Russisch, Russisch und noch einmal Russisch. Ich lese zur Zeit von Гаршин «Лягушка путешест-венница»[13] – köstlich.

Sestrorezk, 5. 5. 1947

Vor zwei Tagen habe ich Bücher gekauft:[14] «Отцы и дети» Тургенева, «Песьня о соколе» und «Челкаш» Горького «Тарас Бульба» Гоголя,

---

10   Das war das schöne Wörterbuch von И. Павловский: *Русско-немецкий словарь*. Рига, 1900.
11   Wolfgang Steinitz: *Russisches Lehrbuch.* Berlin: Verlag Tägliche Rundschau 1946. 199 S.
12   *potom konec* – dann Schluß!
13   *Vom Fröschlein, das auf Reisen ging.* Von Vsevolod Michajlovič Garšin (1855–1888).
14   Die Titel sind: *Väter und Söhne* von Turgenev, *Das Lied vom Falken* und *Čelkaš* von Maksim Gorkij, *Taras Bulba* von Gogol, *Die Erzählungen Belkins* von Puschkin, *Hadschi Murat* von Tolstoj und *Nachtasyl* von Gorkij.

«Повести Белкина» Пушкина, «Хаджи Мурат» Толстого, zwei Schulbücher der 5. und 10. Klasse mit ausgewählten Stücken unter anderem «На дне» Горького.

Da habe ich nun laufend zu tun, den ganzen Spaß für 32,10 Rubel.

Konstantin Vasil'evič Kuznecov: Illustration zu Vom Fröschlein, das auf Reisen ging (um 1930) (Wikiteka)

Oranienbaum, 24. 6. 1947

Hier gibt es die sogenannten «Белые ночи»[15], denn es wird überhaupt nicht dunkel, aber zum Briefeschreiben doch zu dunkel. Während ich gerade wieder einmal da angelangt bin, wo ich mir meiner vollen Winzigkeit bewußt bin. Jedoch, Gott gab mir die Gabe der Sturheit also so werde ich nie aufgeben das aussichtslose Spiel und darüber gehen dann die Jahre hinweg, man wird erlöst. Ein Trost, den ich immer haben werde. Meine Lage ist traurig, noch einmal habe ich es versucht, man wird in Moskau anfragen u.s.w. und so fort. Am Sonntag habe ich einen zweiten Brief an den Chef abgeschickt und um ein Abitur gefragt, gebeten, meine Ausbildung hängt davon ab .... Meine Bücher liegen tief verpackt, Du mußt nämlich wissen daß wir immer noch zwischen Kisten hausen. Noch ein Wort über das Wetter, es lohnt sich darüber zu sprechen: ein Wetterchen hatten wir drei oder vier Tage lang: Kein Wölkchen am Himmel und dann der herrliche Park, Du machst Dir keine Vorstellung. Nicht mit gepflegtem Rasen und so, nein, mehr Naturschutzgebiet in dem nur die Wege gepflegt sind. So nehme ich denn meine Lehrmittel und hinaus in die Frühlingsluft!

Oranienbaum, 6. 7. 1947

Betrachte die graue Farbe meines schlechten Briefpapieres als die meines Alltages – grau, dunkelgrau – ich werde doch noch ein Jahr die russische

15   Weiße Nächte.

Schule besuchen!! Ob aus mir wohl überhaupt noch mal was wird? Na, gleich noch weiter von mir – noch lese ich «Евгений Онегин»[16], habe allerdings als kleine Nebenerholung «Сказка о царе Салтане» gelesen. Ist Dir Пушкин ein Begriff? Mir war er es in Deutschland nicht. Also Пушкин ist der russische Goethe, ich bin so weit um zu sagen, sprachtechnisch steht er ganz dicht neben ihm. ... Ich gebe hier nämlich Russischstunden, mein Gott, mein Regiment ist grausam. Ich denke jetzt so oft an unseren Lateinlehrer und kann ihn verstehen! Mensch, eine Horde von 15 Mann in Latein unterrichten und 50% so saudämlich, daß sie nicht einmal wissen, was ein Nominativ ist! Oh Gott – ein wahrer Segen für die Menschheit, daß ich kein Pauker werde! ... der Titel ist mir im Augenblick entfallen, selbstverständlich kein Wunder, wenn sich einer bemüht, täglich 40 neue Vokabeln zu behalten. Rechne bitte nicht nach, es stimmt doch nicht! Theoretisch müßte ich schon fließend sprechen – weit gefehlt, (gut Ding will Weile haben).

Oranienbaum, 20. 7. 1947

Gestern besuchte ich das Русский музей.[17] Wenn ich Dir schreibe, es war sehr gut, so weißt Du, was das heißt. Ich muß gestehen, ein Gleiches noch nicht gesehen zu haben. Nur russische Künstler sind ausgestellt und einige Namen sollst Du auch haben. Vorweg möchte ich bemerken, daß ich in Deutschland nur eben mal Repin[18] erwähnen hörte. ... Пушкин und Лермонтов[19] habe ich gekauft. Sechs Bände Пушкин und einen Band Лермонтов für 150 Rubel. Lese jetzt Руслан и Людмила Пушкина, das heißt, ich habe Евгений Онегин abgeschlossen.

Oranienbaum, 3. 8. 1947

Heute ist Sonntag, ich komme soeben aus dem Park, wo allsonntäglich ein *Народное гуляние* oder *Массовое народное гуляние* stattfindet... *играет духовой оркестер* (Blasorchester) eben beim Volksspazierengehen. Auf der Freitreppe eines zerfallenen Palais (*Катальная горка*[20]) treten Künstler auf, Zauberkünstler, Sänger(innen), Artisten, Komiker, also eben Kabarett. Wirklich nett, und nebenher, armer Ausländer freut sich, wenn er eine ganze Menge versteht. Anschließend, auf einem anderen Plätzchen im Park, vor dem «Chinesischen Schloß» (Китайский дворец) ergötzt sich die Menge an den Klängen des angekündigten Orchesters (etwa 12 Mann) und tanzt natürlich. Ich gucke mir den Spaß jeweils eine Zeitlang an und gehe heimwärts. Wieder woanders spielt man Fußball, Kino geht irgendwo, in der Tat, hier merkt man, daß Sonntag ist, und einer, der nicht allzu hohe Ansprüche stellt, hat sein Vergnügen. Den Rahmen zu allem bildet die Natur selbst, der Park eben, die Menschen, die viel natürlicher sind als bei uns in Deutschland. Und trotzdem, wozu lebt der Mensch? Ich weiß nicht, was das für ein Vergnügen ist, wenn man von morgens bis in die Nacht hinein arbeitet, sich beschäftigt, doch nur um endlich dem alten Herrn von

16 *Evgenij Onegin*, von Puschkin. Der folgende Titel: *Das Märchen vom Zaren Saltan*.
17 Das Russische Museum in Leningrad, jetzt St. Petersburg.
18 Il'ja Efimovič Repin (1844–1930), russischer Maler, Vertreter des Realismus.
19 Michail Jurʹevič Lermontov (1814–1841). Der folgende Titel: *Ruslan und Ludmila* von Puschkin.
20 Katal'naja gorka, «Achterbahn», Name des Pavillons.

der Tasche zu kommen.

1 — Большой (Меншиковский) дворец (1711—1727 гг., Ф. Фонтана, И. Г. Шедель, И. Браунштейн)

2 — Картинный дом (1710-е — 1730-е гг., либо 1752—1754 гг.)

3 — Нижние дома (1710-е — 1720-е гг., либо 1749—1751 гг.)

4 — ворота крепости Петерштадт (1757 г., А. Ринальди)

5 — дворец Петра III (1758—1762 гг., А. Ринальди)

6 — Каменное зало (1749—1751 гг., предположительно Б. Растрелли)

7 — Кавалерский корпус (1767 г., А. Ринальди)

8 — Китайский дворец (1762—1768 гг., А. Ринальди)

9 — павильон Катальной горки (1762—1774 гг., А. Ринальди)

10 — павильон «Китайская кухня» (1852—1853 гг., Л. Бонштедт)

11 — Пергола (1870-е гг.)

Plan des Schloßparks von Oranienbaum
(Wikipedia)

Oranienbaum, 12. 8. 1947

Ich habe inzwischen wieder einmal mit zwei Direktoren gesprochen, das erste Mal war es eine verkehrte Stelle, das zweite Mal, ja 1. Ich hätte ja keinen Abschluß und 2. Selbst wenn ich einen hätte, dann müßte doch erst Moskau die Sache genehmigen. Immerhin, diese Gespräche fördern ungemein die Übung, denn hier spricht man selbstverständlich nur russisch. ... Gleich ist Mitternacht, ein Tag ist wieder rum. Ich lese Zeitung, Пушкин, Langenscheidt.

Oranienbaum, 24. 8. 1947

Ja, ansonsten habe ich des Nachmittags Tischtennis gespielt, hier vor der «Haustür» sozusagen, da ist eine große Wiese, wo die Spezialisten sich des Sonntags zu sonnen geruhen. Ja, alles ganz schön und gut, aber immer dasselbe – wo ist das große Ereignis, wo? Russisch! ... Ich werde nun die russische Schule besuchen, Gesuche sind schon abgegeben, morgen soll ich Bescheid bekommen, ob das nun möglich sein wird, auch Schwesterlein wird es versuchen.

Oranienbaum, 7. 9. 1947

... daß Deine Goldfische tot sind, freut mich für die armen Tiere! Denke Dir bitte, den ganzen Tag zwischen vier Wänden hin und her und her und hin! Trostlos, was? Wie ich darauf komme? Ganz einfach, auch ich bin ein Goldfisch, eingesperrt, stumm usw. Ich besuche seit einer Woche die Schule!!! Traurig für uns, da sitzt man denn, und ist wie ein Lux hinterher, ja immer den Sinn mitzukriegen. Ja und dann 7 Stunden Mathematik. Literatur muß ich alles nachlesen, Geschichte des Landes u.s.w. Ob ich das wohl schaffen werde? Jedoch, Bange machen gilt nicht, ich arbeite bis ich eben, na u. dgl. mehr. Чехов (1860–1904)[21] ist an der Reihe, Biographie, seine Werke sind zu lesen. Ich werde am Ende des Jahres die russische Literatur besser als die deutsche kennen. Die Schulordnung ist besser als bei uns, vor allem sind die Lehrer nicht so wahnsinnig faul. Hier wird kräftig auf dem Arbeitspensum herumgeknetet, jedoch der Geist des Unterrichts, Mitarbeit der Schüler, Meinungsaustausch u.s.w. – schrecklich stumpf, wie die Sextaner bei uns. Blick zu Boden und Lehrtext in den Bart gemurmelt. Und Englisch sprechen sie hier, mein Gott! Obwohl ich fast gar nichts kann, so reicht es doch aus, um hier noch glänzen zu können[22]. Die Schulkameraden sind sehr freundlich zu mir, gutmütige Seelen Mein erstes Diktat: 16 orthographische und 61 Zeichenfehler! (habe grundsätzlich keine gesetzt). Armer Kopf, armer Körper. Was meinst Du wohl, was aus mir noch mal wird? ... Ein neues Quartier haben wir bezogen, ich habe Gardinen an den Fenstern, Bücher um mich herum, die aus Zeitmangel nicht gelesen werden können, Teppich unter den Füßen. Wetter schön, doch Herbst und grausamer russischer Winter rücken an. Gesundheit gut,

21 Anton Pavlovič Čechov (1860–1904).
22 Dieselbe Feststellung würde ein russischer Schüler in Bezug auf den Russischunterricht an einer deutschen Schule machen, auch er würde sagen O боже мой! [Anmerkung Dills]

Seele wund, sehr wund.

Oranienbaum, 22. 9. 1947

Ja, und ich? Ich sitze nun hier auf einer Schulbank und bin Schüler der nicht eine Stärke hat, nicht eine einzige, eben weil er die Landessprache nicht beherrscht. O Gott, wie bitter in Schülerversammlungen zu sitzen und, mit Bangen und Beben im Herzen schon jetzt von den schrecklichen Anforderungen des Abiturs zu hören! Es scheint mein Schicksal zu sein, jeweils auf der Bahn meiner Ausbildung gehemmt zu werden, ich glaubte, an Euch den Anschluß gefunden zu haben, jedoch nun glaube ich manchmal, daß ich rechtzeitig den Erdball hier verlasse. Warum komme ich nicht wie andere auch zum Ziel? An ein Wörterbuch bin ich geschmiedet, Wörter, die einem daheim zur Verfügung standen, gilt es neu zu erlernen, wie ein kleiner Schulanfänger, auf allen Gebieten. Nun, es lohnt nicht, so viel Wesen von sich zu machen, jedoch der Ehrgeiz, der nagt manchmal.

Oranienbaum, 6. 10. 1947

Als ich neulich aus der Schule kam, ist mir eines klar geworden: hier ein Abitur ablegen ohne Naturwissenschaften – prost Mahlzeit eher fällt der Mond auf die Erde. Also heißt es, sich mit aller Macht sich auf diese Dinge werfen. Ein Doktor der Mathematik[23] hilft mir tatkräftig, ein anderer will mit mir Physik machen[24]. Literatur überlese ich nur noch, klammere mich nicht mehr an einzelne unbekannte Wörter, deren Bedeutung doch aus dem Kontext einigermaßen hervorgeht und gewinne so Überblick und Zeit. Nur das Sprechen ist noch schwer, sehr schwer, hier hilft nur die Übung und die Zeit. Ansonsten habe ich mich mit einem Kameraden zusammengetan, der bei mir Deutsch nehmen will, ich bei ihm Russisch, auch in anderen Fächern will er mir unter die Arme greifen, wie es wird, wird sich finden, das Strohfeuer brennt wie bei uns in Deutschland immer sehr hell. Nachdem wir die Symbolisten (Блок, Брюсов)[25] abgeschlossen haben, sind wir bei Горький (sein richtiger Name ist Пешков [Peškov]) angelangt. Ich las «Старуха Изергиль», eine kurze Erzählung, meiner Meinung nach sehr gut. «Стель» beendet, was Neues kommt dran, sicherlich «Человек в Футляре». War heute eine Stunde im Park, die Natur nimmt Abschied, herrlich die Bäume im Herbstschmuck

Oranienbaum, 23. 10. 1947

Vielleicht soll ich Dir in Erinnerung rufen, dass ich heute vor einem Jahr, aber hören wir, was das Tagebuch sagt : ...Ein Pfiff, der Zug setzt' sich in Bewegung – 8^{35} . Die letzten Grüße werden den am Bahnhof arbeitenden Frauen zugerufen, schneller rollt der Zug, der letzte Blick auf den Weddingensteg – ich weine – vorbei, vorbei, die Fenster Deines Zimmers sind offen, Hanne, dann geht es um die Kurve – Erkner, wann sehen wir dich wieder? ...

Du hast von Hanne nun erfahren, dass ich die von Dir begrüßte Ordnung

---

23   Wohl Dr. Klemke.
24   Herr Gräfe.
25   Alexander Block, Valerij Brusov. Die folgenden Titel: *Die alte Isergil, Stele, Der Mann im Futteral* (von Anton Čechov).

der Schule wieder verlassen habe? Ja, ich sitze zu Hause und lerne Russisch, Englisch, auch Chemie und Physik will ich machen. Die Gründe, die mich veranlasst haben, so zu handeln sind folgende: Du gehst in die Schule, verstehst sogar einigermaßen und wirst jetzt aber kübelweise mit Aufgaben überschüttet. Da bist Du denn nicht nur ein grässlich leidender Prometheus mit wundgefressener Leber vom Mathematikadler täglich aufs neue gepeinigt, nein, Zeus schließt auch den Himmel der Musen, nimmt Dir die Sprache und verleiht Dir das Aus- und Ansehen eines Dämlichen. Was nun aber wird? Ich habe inzwischen in Leningrad eine deutsche Schule aufgestöbert, leider nur 7 Klassen bis jetzt, man will jedoch anregen, dass ich als Externer das Abitur ablege. Na, das soll ich übermorgen erfahren. Ich habe wenig Hoffnung in dieser Hinsicht, auch hat Moskau noch nicht geantwortet, wovon letzten Endes doch alles abhängt. Ich weiß jetzt, was ein «ewiger Student» ist. Aber «... wendet kein Elend, macht uns nicht frei, rufet die Arme der Götter herbei!»[26] Zur Zeit arbeite ich kräftig im Langenscheidt (war ja einfach nicht mehr dazu gekommen, auch nur ein Wort Russisch zu lernen)..., lese «Мать» Горького[27] u.s.w. Wie sieht wohl das Ende aus ? ... Der Winter marschiert an. Kalt, naßkalt, trübe. Gestern war ich in Leningrad auf dem Jahrmarkt, dort stand ein Mann und ermahnte alle Eltern, es ja nicht den Kindern vorzuenthalten – nämlich das Märchen vom Goldenen Hähnchen[28] Пушкина – zwei Rubel nur der Eintritt, für zehn Rubel jedoch Vergnügen, also acht Rubel glatter Gewinn. Wie interessant das Weinen, Lachen, Tanzen, Singen der Puppen! Ich habe also eine Eintrittskarte erstanden und bin ins Театр Кукол[29] gegangen, was denn auch ganz erheiternd war. Am selben Tage hatte ich schon die Spitze der «Исакиевского собора»[30] bestiegen. Die ganze Kuppel ist goldbedacht und glänzt in der Sonne kilometerweit, ein gewaltiges Bauwerk.

Oranienbaum, 27. 10. 1947

Die Schule besuche ich nicht mehr, trotzdem will ich Dir Deine Fragen beantworten. Die Schule liegt 15 Minuten von hier. Das Alter der Klassenkameraden etwa 17 Jahre. Deutsch kann keiner. Was Philosophie ist, weiß kaum einer. Mathematik besteht aus Algebra, Geometrie und Trigonometrie. Im Chemieunterricht werden keine Versuche gemacht, auch in Physik nicht. Sport gibt es auch, unter anderem Wehrertüchtigung, da wird geschossen, eben wie es bei uns gewesen ist. Ich saß vorne, es gibt Schulbänke, die Tintenfässer werden nach Schulschluß eingesammelt. Aktentaschen haben die Wenigsten, man trägt die Bücher in der Hand. Es klingelt am Ende der Stunde, manchmal sogar durch eine elektrische Klingel. Stunden wie bei uns 45 Minuten. Vier Jahre Deutsch- bzw. Englischunterricht. Man lernt hier nur eine Fremdsprache auf der Schule, entweder Deutsch oder Englisch. Einige Lehrer sagen [Вы] zu den

---

26   Johann Wolfgang von Goethe: *Beherzigung.*
27   *Die Mutter*, von Gorkij.
28   *Skazka o zolotom petuške* von Puschkin.
29   Puppentheater.
30   Die Isaaks-Kathedrale in Leningrad.

Schülern, der Physiklehrer sagt Ты. [31] Die Klassenkameraden sind Herzenskerle, nur trennt uns das Sprachunvermögen.

Oranienbaum, 9. 11. 1947

Weißt Du auch, daß ich die «Erziehung» meiner Schwester übernommen habe, von 9–11 Uhr täglich? Eine Stunde Russisch, 1 Stunde Geschichte, wenn es die Zeit erlaubt auch Deutsch (die Siegfriedsage haben wir beendet), so wie überhaupt etwas über Kunst.

Oranienbaum 23. 11. 1947

Mein Englischunterricht hat begonnen bei einem unserer Spezialisten, der in England war, ich gebe dafür Russisch, wie ich überhaupt als Russischhauslehrer fungiere mit nach deutschen Begriffen frappantem Einkommen. Mein alter Herr kränkelt zur Zeit, was die Stimmung nicht gerade hebt. Nun noch vom Wetter: Schnee liegt schon lange, seit Anfang des Monats, alles weiß und kühl, oh, das wird ein langer langer Winter!

Oranienbaum, 7. 12. 1947

Was meinst Du, wieviele hier schon «fließend» russisch sprechen, jämmerlich, und ich Idiot habe es immer geglaubt! Übrigens selbiger Englischlehrer will vielleicht mit mir späterhin etwas Latein machen: Wenn ich doch hier einen zum Mitlernen hätte. Auch hier sind Mädels, so drei 17–18 Jahre alt etwa, aber so maßlos uninteressiert an den Dingen, die wir so geliebt haben. Wenn ich dann manchmal hier und da mit ihnen zusammenkomme, dann vergeht die Zeit erschreckend wie: Ich bleibe sitzen, gerne sogar denn ich will manchmal andere Menschen sehen und wundere mich im Innern, wie ich das so mache, dazusitzen und über nichts zu sprechen, abscheuliche, abgeschmackte, uralte Klatschthemen! Und ich gehe nicht fort, sondern bleibe! Keinen Menschen mit dem man ... das ist das Schlimmste, was es hier für mich gibt.

Oranienbaum, 22. 12. 1947

Mir ist inzwischen überhaupt manches aufgestoßen, z. B. mein Betragen gegenüber den Lehrkräften. Wie feurig, frech und dumm! Je mehr einer schreit, desto kleiner das Wissen. Wenn ich Direktor gewesen wäre, von der Schule hätte ich solch einen Burschen geschmissen. Traurige Heinis sind es aber doch, weil sie es sich gefallen lassen. Dem Schüler, auch dem Abiturschüler, keinen Funken Freiheit, Arbeit und nochmals Arbeit den Burschen auf den Hals, mit rücksichtsloser Strenge. Erst nachher kann man es ja solch einem «Tyrannen» danken, was er an einem getan hat. Ich habe leider keinen solchen gehabt und muß mich daher jetzt abquälen und schinden und das obendrein noch vergeblich. Nach diesem meinem Rezept (nachdem ich übrigens verfahre) solltest Du Schüler die Dir einmal anvertraut werden, erziehen. Jedoch, laß nur auch Dich frißt der Alltag. ... Hierdurch bestätige ich, daß alles gesagte Quatsch und albern ist.

31   «Sie» bzw. «Du».

Oranienbaum, 4. 1. 1948

Bei uns ist es kalt, 18° Kälte bei schlechter Heizung Lebensmittelkarten sind abgeschafft, das möchtest Du auch mal erleben, was ? Am 16. 1. gehe ich ins Theater, ich bin gespannt. Ansonsten nach wie vor systematisches Studium der russischen und englischen Sprachen, mein Schülerkreis hat sich zur Zeit etwas vergrößert, ich habe weniger Zeit denn je, und auch mein großartig angelegter Stundenplan ist zerrüttet, nur die Literaturgeschichte und das Lesen von Romanen wird schwach am Rande mitgeführt. ... Morgen also fängst Du auch wieder an. Ich mache lieber gar keine Pause, denn dann wird mir nur noch trüber zu Mute. Ich habe heute den Parzival angefangen zu lesen, nachdem ich «Viel Lärm um Nichts» und den «Kreidekreis» gelesen habe. Ansonsten wird mir immer mehr meine Einsamkeit hier bewußt. Nun, ничего!, будет!, мужайся![32]

Oranienbaum, 20. 1. 1948

Ja, das bleibt mir nun alles verschlossen, denn meine Spezialität liegt darin, zu wissen, was vielleicht «Gänseklein» oder «kam in der letzten Runde zu Fall» beim Radrennen heißt. ... Ich war im Theater und habe «Жизнь в цвету»[33] gesehen. Das ganze dreht sich um den in Rußland bekannten Botaniker Мичурин[34], nach dem eine Stadt benannt worden ist. Dieser Mann versucht nun, solche Obstbäume zu züchten, die überall wachsen, sowohl in der Wüste, als auch in Eis und Schnee. Nun schildert Herr Добженко[35] den Weg dieses Mannes. Das ganze ist weiter nichts als ein zeitnahes Stück im übelsten Sinn des Wortes. Für mich jedoch folgende Feststellung: Ausgezeichnete Schauspieler, ein herrliches Bühnenbild. Nun noch ein gutes, solides Stück, und die Sache stimmt. Dazu die Sprache. Ich habe doch etwas (natürlich nicht alles) verstanden. Das gibt Auftrieb. Ich habe beschlossen, öfter zu gehen, auch in die Oper, denn die soll bestens sein!

Oranienbaum, 15. 2. 1948

Heute Nachmittag war ich mit Schwesterherz skifahren. Es schneite, es war nicht kalt, und von Volksmengen umgeben, die sich die Ausländer beguckten, genossen wir die Freuden des Wintersports An diesen sportlichen Teil schloß sich ein Spaziergang mit meinen zwei russischen Kameraden, treue Seelen, gute Menschen, feine Kerls, unser Gesprächsstoff war nicht gerade hoch zu veranschlagen, die üblichen Neckereien, Anspielungen u.s.w. aber es stärkt die Kunst des Sprechens. Es wäre noch zu berichten, daß ich wieder im Theater war, genauer im Kabarett, die sinnreiche Programmfolge hat mir zugesagt. Aus meinem «Onkel Wanja»[36] ist noch nichts geworden, ich habe ihn schon gelesen. Ist Dir Чехов eigentlich ein Begriff? In seinen Werken sind Menschen, die die Welt vollkommen durchschaut haben. Dennoch ist die Stimmung

---

32   Nichts, es wird schon, faß Mut!
33   *Leben in voller Blüte*.
34   Ivan Vladimirovič Mičurin (1855–1935),
35   Aleksandr Petrovič Dovženko (1894–1956) drehte einen Film *Mičurin* im Jahre 1948. Die Stadt Kozlov wurde in Mičurinsk umbenannt.
36   Дядя Ваня, von Čechov.

seiner Dramen so ganz anders, sehr passiv stehen die Helden in der Handlung, nur Dekadenz, es fehlt der so herzerfrischende Kampf für das Ideal.

Oranienbaum, 23.2.1948

Heute (Montag) war doch für uns ein Feiertag, Tag der Roten Armee. Ich bin bei herrlichstem Wetter spazieren gegangen, ganz allein, es war herrlich warm, keine Wolke am Himmel, der Schnee blendend weiß. Ich bin gar nicht so traurig zur Zeit, ich habe viel viel Arbeit, neues Material in Aussicht (den großen Langenscheidt). Am Sonntag gehe ich vielleicht ins Ballett.

Lomonosov, 7. 3. 1948

Nur das eine habe ich erkannt, daß eine Sprache eine Lebensarbeit (5 Jahre wenigstens) sein kann. Gestern war ich in Leningrad beim Schneider als Sprachrohr. O Gott, eine Wissenschaft für sich die Damenbekleidung! Kostüm mit Bluse in Falten und quergesetztem Mittelstück u.s.w. ... Ich muß mehr Zeit gewinnen. Alle meine Schüler will ich auf zwei Tage zusammenlegen, an diesen zwei Tagen hätte ich 7 Stunden zu unterrichten. Einen Abend will ich noch Englisch machen, die übrigen 4 Tage frei für Russisch, dann in Vorträge, Kino, Theater, Museen. Das ist alles so schwer, so allein, aber es wird schon werden. Unsere Stadt heißt neuerdings ЛОМОНОСОВ.

Lomonosov, 14. 3. 1948

Gestern war Tanz bei uns. Ich will Dir nun einige Angaben machen, die Dir zeigen, wie ich mich «mache». Um 4^{30} nachts bin ich heimgekehrt, brauchte ja nur über den «Schloßhof». Ich hatte einen bunten Schlips um, der hatte rote Punkte. Nun habe ich als flotter Tänzer so viel getanzt, daß mir recht warm wurde. Ich beguckte mir nachher mein Hemd die ganze Brust ist rot. Ich dachte erst, mein Herz wäre entflammt für eine Schöne, jedoch, der Schlips nur hat abgefärbt, dabei hat das gute Stück so an 70 Rubel gekostet. Ja, und was hatte ich nun davon? Ein Hemd verdorben, eine Nacht nicht geschlafen, dennoch es war interessant, wenn Du zum Beispiel mit den wenigen Dir bekannten Damen tanzt und mit ihnen die Kartoffel- und Brotpreise besprichst oder über die russische Sprache plauderst, oder so beobachtest, wie sie nach 200 gr. водка heiter werden und randalieren ... ja, interessant. Die Räumlichkeiten sind natürlich prima, Parkett, großer Saal und vor allem – exklusive Gesellschaft. Schade, daß keine Russinnen hier waren, da hätte ich dann Vergnügen und Arbeit verbinden können. Wörter, Wörter – ich sehe das Leben nur noch in Wörtern und kann mich an Redewendungen und Eigentümlichkeiten der Sprache ergötzen und sogar erfreuen, aber es bringt mich täglich dreimal zur Verzweiflung, daß ich schon so alt bin, und was wird dann aus mir? Ich lese Чехов «Три сестры»[37]. Jeder Satz, der mir wichtig erscheint, wird aufgeschrieben und gelernt. ... es wird schon werden.

---

37 *Drei Schwestern.*

Lomonosov, 21. 3. 1948

Frühlingsanfang! Hier hat es gerade heut erneut geschneit, es ist kalt, trübe und ungemütlich. Ich machte wieder meine «Parkrunde» (derselbe Weg, dieselbe Zeit), allein, ganz allein, und möchte mit einem jungen Menschen sprechen, der so denkt wie ich, stell Dir vor, Du wärst auch hier! Nun ja, bald ist der Sonntag um, dann geht es weiter. Mein einziger Trost ist mein Wörterbuch, ein ganz dickes von Павловский, wenn ich das aufklappe, dann wird mir vieles klar. Die große Schwierigkeit ist eben die, selbst zu sprechen, alles andere ist halb so schlimm. Es ist ein Jammer, daß man kein Genie ist. Gestern war ich wieder in Leningrad. Vormittags einkaufen, anstehen u.s.w. Am Nachmittag war ich dann mit meinem Englischlehrer mit und habe ihm geholfen. Erst beim Hemdenmacher, da war die Verpackung nicht einwandfrei – Seidenhemden in Zeitungspapier – dann im Schneideratelier, wieviel Anproben sind erforderlich, was ist zu beschaffen an Futterstoffen, hat der Ärmel ein anderes Futter als der Rücken, sind Schnallen, Garn und anderes zu besorgen, was kostet die Sache, wie lange dauert die Anfertigung und anderes mehr. Weiter ging es ins Kaufhaus: eine Decke, die im Schaufenster liegt und die einzige in ganz Leningrad ist, muß erstanden werden, ja, das entscheidet der Herr Direktor, na schön, wo kann man ihn sprechen?... Kaffee Nord gibt den würdigen Abschluß, man konditert und fährt heimwärts. Es ist Zeit für mich, bald wieder ein Theater zu besuchen.

Lomonosov, 5. 4. 1948

Vor einer Woche war Geburtstag, ich hatte aber eine Theaterkarte für Дядя Ваня, da habe ich natürlich Geburtstag Geburtstag sein lassen und bin ins Theater gefahren. Gestern Abend war Tanz, bis 3 Uhr nachts. Man hat mich auf den Arm nehmen wollen, weil ich nicht trinke, ich mußte 50 gr. Wodka trinken und sollte der Gesellschaft meinen ersten Kuß vorführen, na, ich habe ihnen aber, es gelang mir, mich geschickt aus der Lage zu ziehen. Ein Volk sage ich Dir – ich habe sie dann beobachtet, als sie in «Stimmung» waren – seicht, seicht wie ein Bächlein im Sommer, und alles studierte Leute!

Lomonosov, 18.4. 1948

Ich lese zur Zeit gerade «Герой нашего времени» Лермонтова[38], besser gesagt, ich übersetze ihn, lasse mir Zeit, erst mal die Sprache, und da sind denn auch ganze Sätze herauszuschreiben, zu lernen.

Der Frühling kommt nun wohl doch, ich war von 3–21 Uhr draußen, ohne Lehrbuch! Gute 3 Stunden russisch geschwatzt und die Natur bewundert. Wenn ich nur gewußt hätte, wie ich einmal ende, dann hätte ich auch ganz glücklich sein können, aber die Ungewißheit ist ein dunkler Hintergrund und trübt die Stimmung. Gestern war ich im Kintopp hier. Da sind weder Sessel noch Bänke oder Stühle, nur Sitzgelegenheiten – Du hast so etwas noch nicht gesehen. Der Film hieß «Ein Junge aus dem Randgebiet». Der erfindet ein Maschinengewehr mit 3600 Schuß in der

---

38 *Ein Held unserer Zeit* von Michail Lermontov.

Minute. Die letzten Worte des Heldenerfinders: «Für den Frieden!» – daß
der Himmel nicht eingestürzt ist!! – Ich war auf der Universität in
Leningrad. Ob ich ein Abitur habe. Ja, habe ich einfach gesagt, nun dann
reichen Sie ein und legen Sie die Aufnahmeprüfung ab: Geschichte der
SSSR, Geographie, russische Literatur, russische Sprache. Prost – ich
mache jetzt Geschichte und schreibe mir alles so deutsch-russisch auf, ich
hoffe in 30 Tagen durch zu sein. Ach so, ich will Philologe werden, ich
liebe die russische Sprache, und das ist ein großer Trost für mich.

Lomonosov, 2. 5. 1948

Ich bin beim Worte «lassen». Der Russe hat es nämlich nicht. Und man
muß immer sinngemäß übersetzen. Ansonsten bin ich immer noch bei der
russischen Geschichte, habe schon 50 große Briefbogen mit Schriftzeichen
beider Sprachen bedeckt und weiß schon einiges über Menschewisten,
Bolschewisten, Kadetten, Duma, Internationale u.s.w. Noch 70 Seiten
«Герой нашего времени» und es kommt wieder was Neues dran. Mit
Schwesterlein lese ich morgens 10 Minuten, wenn sie von der Stunde
übrigbleiben, «Walter von der Vogelweide». Wir haben ein Büchlein, da
steht manchmal da, was es heißt, vieles raten wir, aber manchmal geht es
gar nicht.... Ich habe den großen Langenscheidt bekommen[39], sind Dir die
Unterrichtsbriefe ein Begriff? Ich halte sie für besser als jede Vorlesung,
denn jeder Lehrer und Dozent ist kein Pädagoge, und Überblick macht in
der Sprache alles.

Lomonosov, 16. 5. 1948

Vorgestern war ich in Leningrad und wollte einen Anzug kaufen, aber es ist
mir nicht gelungen, auch einen soliden Stoff für einen Anzug gab es nicht.
Ein Hut Größe 62 hat mir prima gefallen, bedeckte aber mein edles Haupt
bis einschließlich Augen, die Nase nur hielt ihn fest, während ein anderer,
der mich auch restlos zufrieden gestellt hätte, den Sitz meines Geistes nur
bis zu einem Viertel bedeckte, auch Turnschuhe gab es nur kleine Größen.
Todmüde kehrte ich mit voller Börse wieder heim, «Герой нашего
времени» habe ich durch. Ich lese jetzt «Горе от ума» Грибоедова.[40] Mit
Schwesterlein haben wir «Невский проспект» beendet und den «Ревизор»
Гоголя angefangen. An 16 Seiten (25 mal 18 cm) haben wir 59 Tage zu je
30 Minuten gelesen. Die arme Schwester, sage ich Dir, ich plage sie so
richtig mit dem Lernen und lasse mich auch nicht erweichen, und die
anderen können doch immer spielen. Sei froh, daß Du keinen großen
Bruder hast. In mehreren Monaten haben wir auch den kleinen
Langenscheidt intus, dann gehts an den großen! Noch 150 Seiten russische
Geschichte, dann habe ich den 1. Bd. durch und 6 gibt es, ich habe noch
Arbeit für Jahre. Heute Abend bin ich eingeladen.

39   *Brieflicher Sprach- und Sprech-Unterricht für das Selbststudium Erwachsener: Russisch;*
[Brief 1 - 36, Beil. 1 - 4 u. Sachreg.] verf. von Adolph Garbell, beendet von K. Blattner ...
12. Aufl. Olten: Toussaint-Langenscheidt, 1926.

40   *Wehe dem Verstand,* von Aleksandr Sergeevič Griboedov. Dann werden *Der Revisor* und
Nevskij Prospekt von Gogol genannt.

Lomonosov, 20. 6. 1948

Von mir ist außerdem zu berichten, daß ich «Анна Каренина» [41] ausgelesen habe. Zur Mode hier: Hose, Hemd ohne Kragen und Schlips, wenn du gar einen Hut auf hast, dann bist du entweder ein großer Spezialist oder Reaktionär-Bourgeois oder aber lächerlich. Hüte gibt es nur in der nächsten Hauptstadt.

Lomonosow, 27. 6. 1948

Ich habe nun die Nachricht erhalten, daß ich hier nicht studieren kann, da ich kein Abitur habe. So versuche ich jetzt hier ein Abitur zu machen, 2–3 Jahre rechne ich. Es gibt hier gar nichts Neues, das Wetter ist schlecht, Regen, kalt, so ist auch die Stimmung. Ich stürze mich jetzt auf Literatur und Geschichte und dann auf die Naturwissenschaften (es graut mir). Gestern Abend war ich im Kino und sah den deutschen Film «Rigoletto», hat mir gar nicht gefallen.

Lomonosov, 29. 8 1948

Sonnabends und Sonntags war ich den Sommer über ständig unterwegs, hier in unserem Städtchen, habe viel russisch gesprochen und gehört. Ich besuche jeden Vortrag und kann sagen, daß ich Wort für Wort verstehe. Nur bin ich noch weit davon entfernt, fließend zu sprechen, allerdings sind meine Ansichten darüber ziemlich hoch. Ich habe mich also entschlossen, das russische Abitur zu machen. Alle Lehrbücher sind besorgt, ein gewaltiger Stapel, da ich ja alle Fächer ohne Ausnahme eintrichtern muß. Mein Schwesterlein hat mehr denn je unter meiner «Lehrtätigkeit» zu leiden. Sie wächst jetzt heran, in 2 Jahren wird sie eine kleine Dame sein, und ich bin gewaltig stolz auf sie. Wie könnte aber ein großer Bruder nicht stolz auf seine Schwester sein! ... Ich finde es langweilig, alles nur in der Muttersprache zu lernen und zu lesen, ich finde es erstrebenswert, jede Literatur in der Muttersprache des Dichters zu lesen – auf daß es mir das Schicksal gestattet, mich immer eingehendst mit Fremdsprachen zu befassen! Zur Zeit lese ich «Мертвые души», «Шинель» Гоголя [42] habe die bekanntesten Fabeln von Крылов [43] gelesen, studiere ansonsten Puschkins Leben, immer an Hand von Lehrbüchern. In Geschichte bin ich bei Екатарина вторая [44]. Der Sommer ist vorbei, es ist schon kalt hier, wir heizen schon wir hatten etwa 30 sommerliche Tage, nun ist es vorbei, es stürmt und regnet.

Lomonosov, 26. 9. 1948

Mir geht es wie immer, mal hoch droben, mal zerschmettert am Boden, heute gerade oben, denn ich habe vor, bald mit dem großen Langenscheidt zu beginnen, na, Du weißt ja gar nicht, was da für Schätze drinstecken. Allerdings brauche ich mich nur daran zu erinnern, daß ich wahnsinnig viel Naturwissenschaften machen muß und die Begeisterung wird ganz schön gedämpft. Gestern war ich spazieren, dann wollte ich mir ein Lehrbuch

41   *Anna Karenina* von Tolstoj.
42   *Die Toten Seelen* und *Der Mantel* von Gogol.
43   Ivan Andreevič Krylov (1769–1844), bedeutender Fabeldichter.
44   Katharina II., Zarin (1729–1796).

holen und bin dabei in die angenehme Lage versetzt worden, zu Kaffee und Kuchen eingeladen worden zu sein. Licht und Steckenpferd ist Russisch, habe «Мертвые души», und «Шинель» Гоголя ausgelesen, was nun drankommt – mal sehen. Eisern wird Kurzschrift gemacht, und ich träume auch vom Maschineschreiben, wäre das nicht ein Segen für die Menschheit? Das Wetter will ich nicht vergessen – Sturm, Regen, mal Sonne, dann wieder bewölkt – im ganzen tiefer Herbst und bitterkalt, heute früh 2° $^+$. Ich sitze bereits mit Pelzweste und Decke im Zimmer.

Lomonosov, 17. 10. 1948

Ich bin nur ein junger Mann, der gar nichts ist und gar nicht kann, (hoffentlich entdeckt mich noch einer zum Film). Nun will ich Dir erst einmal von meinem Geburtstag erzählen: es war herrlich.

Anzahl der Gäste 7: 4 Damen, 3 Herren (nebenbei alle gehören zu meinen «Schülern»). Mein Zimmer war ausgeräumt, dann stand die Tafel, sowohl Kuchen als auch Abendbrot, den Speisezettel lasse ich ausfallen, er war natürlich reichlich und gut. Im Wohnzimmer wurde getanzt, erzählt geschnäpselt u.s.w. Dauer der Festlichkeit: von 19^{30}–1^{00} Stimmung ganz oben auf. Ich habe den großen Langenscheidt geschenkt bekommen!!!, dazu ein «Handbuch der deutschen und russischen Konversations-sprache»[45], 500 Seiten ich bin begeistert. Mein Abitur will ich auf der russischen Schule machen, nächstes Jahr will ich eintreten, ein Jahr die Schule besuchen und [das Abitur] ablegen. Jetzt bin ich krampfhaft beim Ringen um den «Überblick». So gut es geht will ich jetzt alle Deine Fragen beantworten: Schwesterlein hat nur bei mir Schule. Jungen und Mädchen sind in einer Klasse und zwar mehr Mädchen als Jungs. Gott Lob sind die Frauen hier noch nicht so verrückt geworden wie bei Euch, jede Modezeitschrift erweckt laute Heiterkeit. Schminken tun sich die Russinnen ganz doll, auch die, denen es gar nicht steht, nun, es gibt sone und solche, wie in Deutschland. Selbstverständlich haben wir ein Radio und können deutsche Sender hören. Die Straßen sind nachts beleuchtet, in Leningrad hat man auf dem Nevskij Prospekt Bäume gepflanzt. Zeitschriften gibt es nicht so ungeheuer viel. Der Preis ist ähnlich wie bei uns, eine «Правда» [Pravda] kostet 20 Kopeken, ab 1. November beziehe ich übrigens eine «Известия» [Izvestija], 2 Monate für 10 Rubel. Schaffner sind fast nur Frauen. Zylinder gibt es wohl in ganz Rußland nur noch im Museum als Exponat prähistorischer Zeiten. In die Kirche geht man auch noch, sofern eine in der Nähe ist. Was man ißt, richtet sich nach dem Gehalt – meistens das, was recht billig ist. Die Essenzeiten sind wie bei uns. Es gibt natürlich auch hier Frauen, die rauchen. Vorträge sind im allgemeinen allgemeinbildender Art: politische Lage, Entstehung der Erde, Kameradschaft, Freundschaft, Liebe u.s.w.

---

45   *Handbuch der deutschen und russischen Conversationssprache oder vollständige und*
      practische Anleitung, sich im Deutschen sowohl als im Russischen richtig und geläufig
      auszudrücken: auch ein Vademecum für Reisende; nach der 22. Originalauflage von
      Coursier, Handbuch der französisch-deutschen Conversationssprache bearb. von Paul Fuchs.
      Stuttgart: Neff, [1877]. VIII, 508 S.

Lomonosov, 31. 10. 1948

Ich kann Dir von mir mitteilen, daß alles beim alten ist. Ich lerne, ein Tag vergeht wie der andere, ich komme vor Eintönigkeit bald um. Davon aber ganz abgesehen «studiere» ich jetzt mit Schwesterlein den großen Langenscheidt, Naturwissenschaften, Stenographie und vieles andere mehr – «Vergebens, daß ihr ringsum wissenschaftlich schweift, ein jeder lernt nur was er lernen kann ...» . Es wird hier kalt, heute morgen lag ganz wenig Schnee. 2 Jahre sind nun um, ich möchte doch mal wieder nach Hause.

Lomonosov, 8. 11. 1948

Obwohl heute Montag ist (es ist Feiertag hier) schreibe ich Dir. Vom Morgen bis zum Abend regnet es heute, toller Matsch auf den Straßen. Selbstverständlich ist die Stimmung so trübe wie das Wetter, aber das ist ja gar kein Wunder, denn im öden Einerlei der Tage – keine Abwechslung. Also habe ich heute Nachmittag Holz gesägt (schon immer haben vornehme Leute ihr Holz gesägt, eben als Ausgleich), dann aber habe ich angefangen «Бедные люди»[46] zu lesen, ich kann mir aber nicht helfen, für Dostojevskij habe ich noch nichts übrig. Ansonsten lese ich «Кто виноват» Герцена[47]. Jeden Tag ein bißchen Kurzschrift, Englisch, Naturwissenschaften, Unterrichtgeben u.s.w. Es ist immer dasselbe und bei alledem keine Menschenseele, die die gleichen Ziele, das gleiche Interesse und Bestreben hätte ! Da wird mir manchmal ganz trostlos zu Mute und ich verliere alle Lust zur Arbeit. Gott Lob nur Sonntags, denn im Trott der Woche habe ich keine Minute Zeit. Mit Schwesterlein zusammen bearbeiten wir jetzt den großen Langenscheidt, der uns großen Spaß, aber auch Heidenarbeit macht. Die Sache ist nämlich die, daß wir fast alle Vokabeln kennen, aber als folgsame Langenscheidtschüler doch alle Aufgaben schriftlich machen müssen. Wir sind jetzt bei Heft 6 und 36 gibt es. Ich beziehe jetzt auch täglich die «Известия» und bin also Zeitungsleser geworden. Viel Neues gibt es auch in der Zeitung nicht.

Lomonosov, 22. 11. 1948

Heute habe ich «Кто виноват» Герцена ausgelesen. Gestern war ich auf einer Überlandstraße spazieren – so weit das Auge schaut – Wald, Steppe, Steppe, Wald, ein riesiges Land. Mit Pelzweste und Decke sitze ich, weil mein Zimmer nicht geheizt wird, wir müssen mit der Heizung sparen, ich habe mich auch schon vollkommen daran gewöhnt. Jetzt mache ich mich über Гончаров her: «Обломов»[48] und «Обыкновенная история», mit Bleistift unterstreiche ich schöne Redewendungen, die ich als alter Mann mal alle lernen will, jetzt habe ich verdammt wenig Zeit. Morgen hat mein Schwesterherz Geburtstag, und daher ist «Schulfrei». Wenn ich die nicht hätte, dann wär es noch öder für mich!

46   *Arme Leute.*
47   *Wer ist schuld?* Von Alexander Herzen.
48   *Oblomov* und *Eine alltägliche Geschichte* von Ivan Aleksandrovič Gončarov.

Lomonosov, 13. 12. 1948

Der Winter hat seit zwei Tagen begonnen: 10 Grad Kälte. So war ich heute Schlittschuh laufen, aber nach 10 Minuten habe ich abgebrochen, da ich vor Muskelkater nicht mehr stehen konnte (man wird alt). Nun morgen wieder 10 Minuten. Morgen gehe ich auch in den Kintopp. Es gibt die zweite Serie vom «Indischen Grabmal».[49] Ein herrlicher Blödsinn an Inhalt, jedoch für uns eine Zerstreuung, die wir gierig nutzen. Vor wenigen Tagen gab es einen anderen deutschen Film «Kautschukjäger».[50] Hast du vielleicht mal «Rolf Torrings Abenteuer»[51] gelesen, genau so. Was das «Geistesschaffen» anbetrifft: Langenscheidt Brief 11, habe «Обыкновенная история» durchgelesen, hat mir sehr gut gefallen, heute habe ich «Обломов» angefangen.

Lomonosov, 28.12.1948

Ich habe Halbferien bis zum 2.1.1949. Weißt du was das heißt «Halbferien», nun ich mache nur das, was mir Spaß macht, also Sprachen und Kurzschrift, stehe spät auf, trödle auch mal – prima. Ich bin wie ein Einsiedler hier. Zwar bin ich jeden Abend unterwegs – erhalte Unterricht (Mathematik, Physik) und erteile Unterricht, jedoch gehört das alles zum Alltag, wobei der eine wie der andere ist. Na, und wenn ich mal «privat« erscheine, dann lausche ich andächtig, sage meinerseits ab und zu ein Wörtlein, erfahre hier und da den neusten Klatsch, aber auch der ist nicht aufregend und durchaus dem Alltag angepaßt. Wer von allen interessiert sich denn für das, was ich so möchte – kein Mensch. Bei alledem habe ich das trauern aufgegeben und mich mit einer ordentlichen Portion Gleichmut bewaffnet, ich vertraue jetzt auf den «rechten Augenblick».

Der Weihnachtsmann hat mir eine Petroleumlampe und eine Schreibmaschine gebracht. Die Weihnachtsfeiertage war ich mal hier, mal dort eingeladen, kehrte nachts gegen 2 Uhr heim, schlief bis zu Mittag, dann mußte ich ja aufstehen, um die Gans zu vertilgen.

Lomonosov, 6.2.1949

Deine Briefe bekomme ich immer zusammen, sie liegen mehr oder weniger lange in Leningrad auf dem Postamt und werden von einem Russen abgeholt für uns. Dann bekommt sie einer von uns Kolonisten, und der bringt dann Freude bzw. Kummer in jede Wohnung. Du fragst, wozu ich eine Petroleumlampe habe. Den Docht hat Vater selbst aus Glimmer gemacht, da es keinen Zylinder zu kaufen gibt. Wir müssen ab und zu mit Licht sparen, dann wird der Strom abgeschaltet und die Petroleumlampe angezündet. In der letzten Zeit gibt es aber wieder reichlich Strom. Und gleich weiter: wir kochen auf Petroleumkochern, da zu wenig Strom da ist. Hier wird überhaupt sehr vieles mit Petroleum gemacht, 1 Liter kostet 2 Rubel. Eine U-Bahn wird zur Zeit in Leningrad gebaut und soll 1950 fahren. Ob in unserer Straße hohe Häuser stehen. Eine Bude steht unserem

---

49   Abenteuerfilm von 1937 nach einem Roman von Thea von Harbou. Zweiter Teil von *Der Tiger von Eschnapur*.
50   Von 1938.
51   Romanheft-Serie, die von 1930 bis 1939 erschien (insgesamt 445 Hefte).

Schloßflügel gegenüber, sonst schauen wir auf einen Teich (sehr malerisch). Tiere haben wir auch hier. Manche haben Kaninchen, andere Hunde, Katzen. Eingekauft wird im Magazin oder auf dem Markt. Im Russischen habe ich «Дворянское гнездо»[52] Тургенева durchgelesen, die Sprache ist herrlich. Wie kommst Du darauf, daß ich Französisch mache. Schön war es ja, ich werde es in Zukunft unbedingt noch anstreben zu tun, aber jetzt komme ich außer Russisch nur zu 1 Stunde täglich Englisch. Ich habe mich mit Grammatiken versehen, mit Konversationslexika, Sprachzeitungen und lerne eine Vokabel zur anderen. Ich habe den Eindruck, es wird so gehen, denn im Russischen habe ich es genau so gemacht. Meine neuste Errungenschaft ist ein Englisch-russisches Wörterbuch mit 60000 Wörtern und Wendungen, prima, zwei Fliegen mit einer Klappe, denn ich wage zu behaupten, wenn auch nicht alle, so doch die große Mehrheit der russischen Wörter zu – beherrschen. Wahrlich, eine gewaltige Behauptung, und wenn sie nicht ganz stimmen sollte, so wird sie doch irgendeinmal stimmen, das ist nämlich mein Endziel. Außerdem, ich sage es ja nur zu Dir. Und du schweigst doch still zu jedermann. Latein, ich weiß so gut wie gar nichts mehr! Es ist eine Schande, aber laß nur, einst wird kommen der Tag, wo auch ich noch mal ... In Physik bin ich bei der Wärmelehre u.s.w., außerdem Kräfteparallelogramm. Obwohl nicht uninteressant, so doch nicht die Seele erwärmend und zeitraubend. Ach so, das Wetter: wie in ganz gemäßigten Breitengraden um 0° herum. Finde ich blendend. Draußen glatt und bewölkt, herrliches Studierwetter, da ist man wenigstens «stubenfest». Ski bin ich 3 mal gefahren, weil nämlich kein Schnee mehr liegt. Hügel gibt es schon ein paar, aber nicht so schön wie bei uns in Erkner. Im Kintop war ich noch. Es gibt hier immer uralte deutsche Filme. Die Damen tragen Pony, große, sehr große Hüte. Schreibe mir bald, recht bald sogar – ich bin nämlich ganz allein.

Lomonosov, 13. 2. 1949

Gestern war ich zum Geburtstag. Es war nicht besonders lustig. Man hat hier keinen Gesprächsstoff mehr. «На кануне»[53] Тургенева habe ich durchgelesen, es hat mir sehr gefallen.

Lomonosov, 27. 2. 1949

Gestern abend habe ich Holz gesägt, ich säge Sonnabends fast immer Holz, sofern was da ist. Um 18 Uhr geht es los, da kommt nämlich mein Sägepartner, Herr Hildebrand, aus dem Büro. Anschließend hacke ich das Holz und staple es weg bis 21 Uhr und habe danach das Gefühl, endlich mal wieder etwas für den Körper getan zu haben. Dann habe ich noch in «Война и мир»[54] gelesen. Ansonsten war die vergangene Woche sehr schön, denn Schwesterlein und ich haben «Bergfest» gefeiert. Morgen geht es nun an den zweiten und letzten Teil des großen Langenscheidt (noch einmal 18 Hefte). Vorigen Sonntag und Montag habe ich bei «Schülern» von mir umziehen helfen. Ein Ereignis für mich war der Besuch der

---

52   *Adelsnest,* von Turgenev.
53   *Vorabend,* von Turgenev.
54   *Krieg und Frieden,* von Tolstoj.

Philharmonie in Leningrad. Es hat mir ausgezeichnet gefallen. Dirigent war Herr Professor Хайкин [55]. Gespielt wurde die 2. Symphonie von Скрябин[56], etwas von Глазунов[57] und aus Dantes «Göttlicher Komödie» «франческа да Римини»[58] (zweiter Höllenkreis, in dem die Liebestollen unserer Welt zu büßen haben) von Чаийковский.[59] Es war Balsam auf meine kunsthungrige Seele. Ach so, ich war beim Tierarzt mit einem Köter, der an Würmern leidet! Der Tierarzt wohnt so richtig in der Wildnis. ... Unser Schloß hier ist in der Tat nicht sehenswert. Hufeisenform, wir wohnen in einem der Flügel. Der Park, wo ich die Kräuter für Dich pflücke, ist eben der Park, wo ich jetzt immer (und früher der Zar und die Zarin!) spazieren gehe. Er ist nicht riesengroß, von Naturschutzgebiet kann keine Rede sein. In diesem Park sind auch alle Gebäude: das Chinesische Schloß, ein Palais, das bald einfällt, eine ehemalige Kirche und das Haus Peter III, in dem jetzt irgendwer haust. Ich betrachte mir jedoch jedesmal das große schmiedeeiserne Tor, das von Rost aufgefressen wird. Schade! Peterhof kenne ich auch, es heißt hier «Петергоф», dort ist aber alles zerstört, es soll herrlich gewesen sein. Theater kann man hier nur zwei besuchen, das Puschkintheater (Schauspiele) und die große Oper namens Kirov. Vor dem Puschkintheater steht das große Denkmal Katharina's II, von ihren Ministern umgeben, ziemlich in der Mitte des Nevskijprospektes. Gleich daneben ist die Bibliothek und der bekannte «Гостиный двор»[60], ein Wandelgang, in dem Laden an Laden liegt, jetzt wieder in Betrieb.

Lomonosov, 6.3. 1949

Es war eine bewegte Woche, was sehr sehr selten ist. Wir haben Fasching gefeiert, etwa 20 Personen. Es war mehr laut denn fröhlich. Zwei Gläschen Wodka brachten die Gesellschaft in Stimmung, die durch edlen Sekt gehalten wurde. Um 3 Uhr war Schluß. Und das mitten in der Woche! Am nächsten Abend war ich nichtsdestotrotz im Kino, wo auf deutsch «Wen die Götter lieben»[61] (vom Leben Mozart's) gespielt wurde. Ja, und gestern war ich tanzen im Klub. Du machst Dir vom Worte Klub einen falschen Begriff, es entspricht gerade unserem Bums. Dorthin geht eben jeder, der tanzen will. Von Gemütlichkeit kann nicht die Rede sein. Es spielen zwei Akkordeonisten und eine Pauke in ein Mikrophon hinein und dann давай! Trotzdem nicht schlecht, in der Not frißt der Teufel Fliegen. Schwesterlein kommt natürlich nicht mit, die ist noch zu klein. Wie ich Dir das Rauchen abgewöhnen will? Oh, es gibt eine Unmenge von Methoden, eine ist mein furchterregender, an Gehorsam gewohnter Lehrermißbilligungsblick.

55   Boris Emmanuilovič Chajkin (1904–1978), Dirigent, Musikpädagoge.
56   Aleksandr Nikolaevič Skrjabin (1872–1915), Pianist und Komponist.
57   Aleksandr Konstantinovič Glazunov (1865–1936), Komponist.
58   *Francesca da Rimini*.
59   Petr Il'jič Čajkovskij (1840–1893), Komponist.
60   Gostinyj dvor, «Gasthof», frühklassizistisches Gebäude (1761–1785), das größte Warenhaus von St. Petersburg.
61   Spielfilm von 1942 in der Regie von Karl Hartl.

Lomonosov, 20. 3. 1949

Weißt Du eigentlich, was «валеньки»[62] sind? Das sind Filzstiefel (schwarz oder schneeweiß). Die trägt man hier bei Frost einfach so, ohne Galoschen. Es kam uns die erste Zeit so vor, als ob wir in Hausschuhen durch die Straßen laufen. Ich habe vorigen Sonntag das Bett hüten müssen, ein bißchen Fieber, aber am Montag war ich wiederhergestellt. Du hättest die Enttäuschung meiner Schüler sehen müssen! Gestern war ich auf einen Schwatz, der bis 2^{30} nachts dauerte. Es war sehr nett, man erinnerte sich seiner Jugend (ich auch), sprach von Hunderassen. Du mußt nämlich wissen, daß es hier große Mode ist, einen Hund, einen echten natürlich (um 300 Rubel herum) zu halten. Wir haben hier Dackel, Spitze, Terrier, zugelaufene Köter u.s.w. Mit allen Hunden bin ich gut bekannt, da die Biester gräßlich verwöhnt sind und beständig den Unterricht stören. Heute hat man mir ins Ohr geflüstert, daß in der kommenden Woche Tanz sein wird. Im Базовой клуб[63] ist auch was los, aber Feste in der Woche sind nicht mein Fall. Mit Schwester bin ich jetzt im 21 Brief Langenscheidt. Es war eine schlechte Woche, da unsere Mama krank ist und Kätchen die Wirtschaft führen muß. Das arme Mädel! Am Tage in der Küche, anschließend bei mir. Na, ich schäle Kartoffeln und trockne ab, das hat man nun von der Gleichberechtigung. Mit wahrer Begeisterung lese ich «Война и мир». Ein wunderbarer Spiegel der russischen Gesellschaft. Auch die philosophischen Betrachtungen zur Geschichte gefallen mir sehr gut.

Lomonosov, 3. 4.1949

Am Mittwoch der vorletzten Woche war hier im Klub «День молодёжи» (Tag der Jugend). Da mußte ich natürlich hin, denn man muß sich ja mit Land und Leuten bekannt machen. Es wurde getanzt, und wer wollte, konnte Gesellschaftsspiele machen. Am Sonntag war ich mit meinem Freund Юрий[64] spazieren, am späten Abend war ich eingeladen. Dann wieder eine Arbeitswoche (22. Brief Langenscheidt). Gestern Holzsägen bis 20 Uhr. Habe mir «Анна Каренина» gekauft. Ich habe mir nämlich vorgenommen, einmal die russische Literatur mit nach Hause zu bringen. Im Unterricht, den ich erteile, habe ich jetzt wieder zwei Schülergruppen durch den Steinitz gebracht, das heißt, ich kann jetzt endlich vernünftigen Unterricht erteilen, der Steinitz ist ja gräßlich für meine Begriffe. Wir lesen jetzt Zeitung, lernen Redewendungen u.s.w. Heute habe ich 2 Stunden lang Gebrauchsanweisungen, Aufschriften u.s.w in mein «Plakatalbum» geklebt. Manchmal bilde ich mir ein, daß ich gar nicht mehr mit Euch zusammenleben kann, wenn ich heimkomme, zwei studierte Leute und ein Wilder. Ob das wohl gut geht?

Lomonosov, 20. 4. 1949

Für die hiesigen russischen Kinder ist es ein Riesenspaß, wenn unsere Hausfrauen auf dem Markt einkaufen gehen, das ist dann immer eine sehr infinitivisierte und nominativisierte Unterhaltung mit den Verkäufern. Ich

---

62   *valeńki*.
63   Basis-Klub.
64   Jurij (Georg).

bin jetzt bei Островский[65], der mir sehr gefällt, gelesen habe ich bis jetzt «Бедность не порок», «Доходное место», «Гроза», «Волки и овцы», «Правда хорошо, а счастие лучше» und lese jetzt gerade «Без вины виноватые».[66] Er beschreibt die Welt der Kaufleute, Beamten und Kleinbürger, in der Ignoranz das wahre Wissen und die ehrliche Arbeit verspottet und knechtet, dennoch häufig Sieg des Guten über das Alte, Schlechte. Wirklich sehr gut. Langenscheidt 24. Brief.

Lomonosov, 8. 5. 1949

Vor 14 Tagen haben wir hier «Bergfest» gefeiert. Wir sind nun schon zweieinhalb Jahre hier und fünf sollen es ja werden, wie man uns gesagt hat[67] Darum also Bergfest. Die Herren erschienen als Bergsteiger, die Damen als Dirndl. Es war wirklich nett. Jemand hatte ein tiroler Häuschen mit Blick auf die Alpen gemalt, das in einem Wandschrank aufgestellt war, ein paar Blumen davor, Girlanden und an der Tür ein Plakat «Gasthaus Alois Huber». mit einer Laterne, wirklich nett. Ich hatte ein paar Fasanenfedern am Hut, natürlich lange Hosen, da ich keine kurzen mehr besitze, einen Bergstock hatte ich auch und meine Bergstiefel hatte ich über die Schulter zu hängen. Um 2 Uhr, als ich den Höhepunkt meiner Stimmung überschritten hatte, bin ich abgehauen, die anderen haben noch bis 6 Uhr in der Frühe ausgehalten. Aufnahmen haben wir auch gemacht, ich habe schon welche. Zur Zeit lese ich von Некрасов «Кому на Руси жить хорошо»[68], Langenscheidt 26. Brief.

Lomonosov, 22. 5. 1949

Im Kino gab es «Tarantella» und «Untergang der Titanic». Gestern war ich beim Schneider. Vater hatte sich einen Anzug machen lassen. Die Hosen müssen einer Verbesserung unterworfen werden, ein Jackett (es sollte ein Zweireiher werden) ist ein Einreiher mit toller Sportkombination geworden bei der Anprobe, das werde ich nun bekommen, es ist also ein Glücksfall, wenn Du vom Schneider etwas Passendes bekommst. Vater hat mir einen tollen «Studiertisch» gebaut, den kann man zusammenklappen, oben mit Handgriff, sieht wie ein Handkoffer aus. Bei lachendem Sonnenschein packe ich meine Bücher hinein und hinaus in den herrlichen Park. Wir, Schwesterlein und ich, sind beim 27. Brief. Mit meinem Mathematiklehrer gehe ich bei schönem Wetter auch in den Park. Ein neues Bücheregal, das mir Vater gebaut hat, ist schon wieder voll, diesmal mit Russen. Heute ist Parkeröffnung. Es werden jetzt auch Boote auf dem großen Teich vermietet. Schwester badet schon jeden Tag. Um 5 Uhr ist Vortag im Park, den will ich mir anhören.

Lomonosov, 5. 6. 1949

Langenscheidt kommt jetzt der 29. Brief dran. Zur Schule muß ich mich

65   Aleksandr Nikolaevič Ostrovskij (1823–1886), Dramatiker.
66   *Armut ist kein Laster, Ein einträglicher Posten, Gewitter, Wölfe und Schafe, Wahrheit ist gut, und Glück ist besser, Schuldig ohne Schuld.*
67   Es sind für die meisten Spezialisten in Lomonosow 6 Jahre und 3 Monate und für einige sogar 7 Jahre und etliche Monate geworden. (Anm. Dills).
68   Wer kann in Russland gut leben? Von Nikolaj Alekseevič Nekrasov (1821–1878).

auch bald anmelden (Der Menschheit ganzer Jammer packt mich an)[69]. Am vergangenen Sonntag habe ich den Nachmittag durch Tischtennis getötet. Gestern Abend war ich Boot fahren auf dem Teich, 1 Stunde 5 Rubel. Vom Schneider habe ich Hose und Jacke bekommen und es sitzt sogar ausgezeichnet. Heute ist der Sonntag dem 150. Geburtstag Puschkins gewidmet, den Vortrag um 5 Uhr will ich mir anhören.

Lomonosov, 20. 6. 1949

Ich beabsichtige in diesem Herbst wieder in die Schule zu gehen. Mir ist wie dem Bübchen am Weiher zu Mute, das hackt und stampfet, das Eis es wird doch tragen? Ich bin eigentlich neugierig, denn die Lage hat sich dahin geändert, daß ich Russisch so zusagen passiv beherrsche, ich lese und verstehe, dazu bilde ich mir ein, in Mathematik und Physik Kenntnisse gesammelt zu haben: Wenn ich jetzt noch ein Jahr privat arbeiten würde, dann könnte ich ganz beruhigt sein, glaube ich, aber ich will ja nicht mehr so lange warten! Probiere ich es jetzt also? Buh, das ist spannend, geradezu gruselig, aber ich versuche es. Zur Zeit lese ich von Чернышевский «Что делать»[70], ein herrliches Buch, danach kommen «Воскресение» Толстого und noch einige Erzählungen von ihm dran, das alles gehört nämlich zu dem Programm, das ich für die Schule gelesen haben muß. Auch Englisch mache ich ein bißchen. Langenscheidt sind wir beim 30. Brief. Jeden Mittwoch gehe ich jetzt in den Vortrag, da ich die Vortragsreihe «Uber die kommunistische Erziehung« abonniert habe. Im Kino gab es «David Copperfield»[71].

Lomonosov, 31.7. 1949

Es ist 7 Uhr morgens, ich sitze in einem Zug, der mich nach Sestrorezk bringt, wo wir zuerst gewohnt haben, ich bin eingeladen worden. Gestern habe ich mich zur Schule angemeldet! Unlängst habe ich auch die Peter-Pauls-Festung und die Isaakskathedrale in Leningrad besucht. Alle Museen sind erst ab 11 Uhr geöffnet. In der Festung befindet sich die Zarengruft in einer schlichten Kirche mit vergoldeter Spitze. Im Innern stehen die Särge, einfache weiße Marmorkästen mit einem goldenen Kreuz darauf. Zwei Sarkophage sind aus grün-gesprenkeltem Marmor, allein die Polierarbeiten sollen 4 Jahre in Anspruch genommen haben. In selbiger Kirche ist die Kanzel, von der zuletzt der Bann gegen Leo Tolstoi geschleudert wurde. Der Altar ist ganz vergoldet. Unter der Treppe zum Glockenturm ruht der Sohn Peter des Großen, der mit der Geistlichkeit und den Bojaren den mißglückten Versuch unternahm, den Vater zu stürzen. Er ist im Turm verschmachtet und liegt nun unter der Treppe. Auch ein Schicksal! Von der Kirche geht es am Münzhof vorbei zu einem Häuschen, wo früher einmal das Großväterchen der russischen Flotte stand, ein kleines Boot, das Peter I in einer Scheune seines Onkels fand. Er ließ es in Schuß bringen und sich zeigen, wie man segelt. Jetzt steht es im Marinemuseum.

---

69   Johann Wolfgang von Goethe: *Faust - Der Tragödie erster Teil*. Tübingen: Cotta. 1808, Seite 296.

70   Nikolaj Gavrilovič Černyševskij (1828–1889): *Was tun?*

71   Amerikanischer Spielfilm von 1935. Möglicherweise handelt es sich hier um die deutsche Kinofassung.

Von besagtem Häuschen ging es zur Türkischen Bastion, in der früher die politischen Verbrecher einsaßen. Zellen, greulich anzusehen: Eisenbett, Decke, eiserner Klapptisch in einer Ecke der Abtritt, schwedische Gardinen und Halbdunkel. In einem besonderen Karzer saßen bis zu 3 mal 24 Stunden bei trocken Brot und Wasser in vollkommenem Dunkel solche, die gegen die Gefängnisordnung verstoßen hatten. Von dort nun zur Isaakskathedrale, ein erhabenes, schlichtes und gewaltiges Bauwerk, das 22 Millionen Silberrubel verschlungen hat. Zum Turm hinauf sind es 108 Meter. Die vergoldete Kuppel wiegt etwa 1400 Tonnen! Das war vielleicht eine Reise nach oben, immer rundherum mit Kopfeinziehen. Nach oben zu wird es immer enger und Zwischenstationen mußten auch eingelegt werden, wenn oben alles besetzt war. Bei schönem Wetter von dort oben eine herrliche Aussicht. Es war ein schöner Tag. Ich lese im dritten Band A. Толстого «Хождение по Мукам»[72] und habe am Sonnabend «Пётр I» gekauft. Die Tage werden immer kürzer, bald ist der Winter da.

Lomonosov, 14. 8. 1949

Ich lese zur Zeit «Peter I», befasse mich mit Elektrizität, und da ich den großen Langenscheidt durch habe, mit Schreibmaschineschreiben. Am Donnerstag war unsere Familie in Peterhof. Nach Puschkin bin ich noch nicht gekommen, ich probiere es in dieser Woche wieder.

Lomonosov, 28. 8. 1949

Es gibt sogar etwas Neues. Mit Schwesterherz war ich vorigen Sonnabend in «Puschkin» oder wie es früher hieß «Царское село»,[73] eine Zeit lang hieß es nach der Revolution auch «Детское село», da dort viele Erholungsheime waren, so daß die Stadt im Sommer der einer Kinderstadt glich. Das Wetter war prima, Sonnenschein und doch nicht heiß oder schwül. Wir fuhren um 9^{55} hier ab zum «Балтийский вокзал», auf dem wir 40 Minuten zu warten hatten. Der Bahnhof ist wirklich ein schöner Bahnhof, man sieht, daß dort einmal die hohen Würdenträger seiner Kaiserlichen Majestät nach «Царское село» abfuhren. Um 12^{00} ging es dann mit dem Dampfzug ab, und wir waren etwa 40 Minuten später da. Mit dem Bus zum Schloß, wo wir um 1 Uhr anlangten. Wir standen vor dem «Екатерининский дворец» – zerstört ist nun das einst wohl herrlich gewesene Schloß, ausgebrannt während des Krieges. Wir sind nun aber nicht zuerst in den Park gegangen, sondern in den «Александровский парк», der den «Александровский дворец» beherbergt. Dort lebte seit 1905 die Zarenfamilie auf der Flucht vor der Revolution. An und für sich ein ganz schlichtes Schloß. Ich habe Ansichtskarten gekauft von allem, wo wir waren, und so Gott will, daß ich noch einmal mit Hab und Gut nach Hause komme, sollst auch Du mit mir im Geiste noch einmal nach Puschkin reisen. Das Innere des Schlosses beherbergt in einem Seitenflügel das Puschkin-Museum mit Bildern, Gemälden, Illustrationen über den

---

72   Aleksej Konstantinovič Tolstoj (1883–1945): *Der Leidensweg* und *Peter I.*
73   Carskoe Selo «Zarendorf». Detskoe selo «Kinderdorf». Baltiskij vokzal «Baltischer Bahnhof». Ekaterinskij dvorec «Katarinenschloß». Aleksandrovskij park «Alexanderpark». Aleksandrovskij dvorec «Alexanderpalast».

Dichter, seine Werke, sein Leben und Sterben. Ehrerbietig habe ich den Schreibtisch Puschkins, auf dem noch sein Schreibzeug (Stummel einer Gänsekielfeder und Tintenfaß) steht, mit dem Finger angetippt. Der Sessel vom alten Крылов [Krylov] stand auch da. In diesem Sessel plazierst Du heute 4 hungrige Bewohner der deutschen Lande. Wir waren auch noch im Mittelteil des Schlosses, im Großen Saal, wiederum Puschkin plus Werke im Bild. Herrlich natürlich die Architektur dieses Saales. Noch ein paar Worte zu dem riesigen Park: Naturschönheit in Gestalt von mächtigen und erhabenen Baumriesen, Eichen, Birken, Nadelhölzer, wie soll ich Dir's beschreiben? Nach gut zwei Stunden etwa zogen wir dann in den «Екатеринский парк», die Hauptsehenswürdigkeit der Stadt. Wieder ein riesiger Park mit vielen kleinen Bauwerken verschiedener Baustile (Barock, Falsch-gotisch, Klassizismus, Türkei). Viele dieser Schlößchen, deren Bilder ich auch erworben habe, sind in unmittelbarer Nähe eines künstlichen (so glaube ich) ziemlich großen Sees gelegen, in dessen Mitte auf einer künstlichen Insel ein «Saal» steht. Ein für 5 Rubel gemietetes Boot brachte uns dahin. Leider sind fast alle Gebäude in sehr sehr kriegsbeschädigtem Zustand – ein Jammer. Auf einem als Ruine aufgeführten mittelalterlichen Burgturm waren wir auch und haben im Geiste die bleichen Knochen edler Recken und Kämpen im Burgverlies schimmern sehen. Drei Stunden sind wir durch den Park gewandert, eine Stelle gefiel mir besser als die andere, überall gab es etwas zu besichtigen. Von Ehrfurcht war ich geradezu ergriffen von Mosaikgemälden, die dort gezeigt wurden. So etwas hatte ich noch nicht gesehen! Nun ging es rasch in das Lyzeum, wo Puschkin die Schulbank gedrückt hat. Das Lyzeum ist ein an das Schloß angebauter Flügel. Zu sehen war das Zimmer Puschkin's Nr 14, eine Kammer besser, ganz ganz schmal, man gerade Platz zum Umdrehen. Natürlich sahen wir auch die Aula, wo Puschkin bei der Prüfung sein Gedicht vor und über den alten Державин[74] vorgetragen hat. Als letztes noch eine Stippvisite in die Porzellanausstellung. Nach all den Schönheiten des Parks hat uns der oft recht überladene Geschirrkram ziemlich kalt gelassen. Am Puschkindenkmal vorbei (Puschkin auf einer Parkbank sitzend) marschierten wir dem Bahnhof zu, müde, begeistert (ich wenigstens, die Schwester ist ein etwas kühlerer Typ), stiegen in die Bahn und reisten unserer zweiten Heimat entgegen, wo wir um 22^{30} ankamen. Ja, das war Puschkin. Und gestern waren wir in Гатчина.[75] Wieder eine lange Bahnfahrt, wieder ein zerstörtes Schloß und ein schöner Park, der sich jedoch mit Puschkin nicht messen kann. Am meisten hat uns die Bootspartie gefallen, die wir auf dem sehr großen See gemacht haben. Dort ist das Wasser ganz klar, man kann den Grund sehen, der von allerlei Wasserpflanzen bewachsen ist und in allen Farben schillert. Wir haben auch Stellen beobachtet, wo das Wasser in den See quillt. Das war gestern wohl unser letzter größerer Ausflug, denn am Donnerstag (am 1. September) beginnt die Schule. Noch 3 freie Tage und dann – reden wir nicht davon. Bis dahin muß ich auch noch die letzten Seiten meines «Peter I» Romans beenden. Der Sommer ist nun vorbei, es ist schon kalt, die

74   Gavriil Romanovič Deržavin (1743–1816), bedeutender Dichter.
75   Gatčina, etwa 45 km südlich von St. Petersburg.

ersten Bäume werden gelb, der Herbst und die Sehnsucht nach Hause brechen an. Ich sitze im Park auf «meiner Stelle», die ich den ganzen Sommer innehatte und lasse mir die letzten warmen Sonnenstrahlen auf den Rücken brennen.

Lomonosov, 30. 10. 1949

Acht Wochen keine Zeile an Dich, fünf Briefe nicht beantwortet! Das erklärt sich aber ganz einfach: jeden Sonnabend will ich an Dich schreiben, aber dann heißt es: Montag eine Klassenarbeit (hier heißt es Kontrollarbeit) in ... Ach so, ich muß wohl vom 1. September anfangen. Also ich bin Schüler der 10. Klasse (letzte, und um es gleich vorne weg zu sagen, das erste Viertel ist nächsten Sonntag um (Gott Lob): Jetzt schreiben wir laufend Prüfungsarbeiten (toller Betrieb in dieser Hinsicht). Aufsatz in Russisch, Diktat in Russisch, Algebra, Geometrie habe ich eben hinter mir, morgen Geschichte, Mittwoch Physik, Freitag Astronomie. Es gefällt mir bisher ganz ausgezeichnet, ich habe mich bis jetzt an der Oberfläche halten können. Was die Landessprache anbetrifft, so kann ich behaupten, sie zu beherrschen, leider nur passiv, d.h. frei sprechen kann ich nicht, ich weiß auch nicht, woran das liegt. In der Schule fragt man mich daher sehr wenig und verlässt sich auf meine schriftlichen Arbeiten, die bisher immer einigermaßen was geworden sind als da Chemie: 4, 2 Arbeiten in Geschichte: 4, Physik: 3, Algebra: 3 Geometrie: 3 Trigonometrie: 3, Englisch Diktat: 5, 3 Aufsätze zu folgenden Themen : «Die Frühromantik Gorki's,», «Die Bedeutung der Frau Prostakova für die Erschließung der Idee des Werkes», und «*Die Mutter*, ein Werk im Stil des sozialistischen Realismus». Na ja, ich habe jeweils eine Menge Seiten beschrieben und jeweils eine 3 bezogen. Ach so, zu Deiner Orientierung: 5 = sehr gut, 4 = gut, 3 = genügend, 2 = ungenügend, 1 = mangelhaft. Ich bin eigentlich zufrieden, denn es gibt Russen, die 2 schreiben. Ich befürchte nur, man hat etwas Nachsicht mit mir, andrerseits haben mir verschiedene Lehrer bestätigt, ich würde nicht übel schreiben. Im Diktat ist mein Durchschnitt: 2 Schreibfehler, 2–4 Zeichenfehler, also 3. Meine Klassenkameraden (Jungs und Mädchen) sind prima Leute, ich komme gut mit ihnen aus, zum Schülerball war ich auch schon. Versammlungen gibt es haufenweis, mal Klassenversammlung, mal das, mal jenes, wie sich die Menschen doch von der Arbeit abhalten. Zu den Lehrern: prima Leute. Am besten gefallen mir der Physiklehrer (der Mann ist Pädagoge), der Geschichtslehrer und die Russischlehrerin, für die gehe ich durchs Feuer, sie ist jung, hübsch und sie kann was, wenn die was sagt, bin ich ganz Ohr, ein Prachtmensch unter Gottes Wesen. (Um jede Unklarheit zu vermeiden, ich rede als Schüler, nur als Schüler). In Chemie die Lehrerin – so stelle ich mir Madam[e] Curie vor. Am Englischunterricht nehme ich nicht teil, das einzige Fach, wo ich hell glänze. Die Deutschlehrerin hier ist eine alte Dame, die fast taub ist, erzählt allen, die es hören wollen, ich könne nicht richtig Deutsch, wenn ich den Klassenkameraden ihre Schularbeit verbessere, dann ist es immer falsch, es würde hauptsächlich in der Satzstellung bei mir hapern, hat sie festgestellt. Oh, «sancta simplicitas!»

Lomonosov, 28. 11. 1949

In der Schule halte ich mich bisher noch. Heute haben wir eine Geschichtsarbeit geschrieben, angefangen vom Zerfall des Kievschen Staates über Chingis Khan zu Ivan IV. Obwohl ich den ganzen Sonntag über den 100 Seiten meines Geschichtsbuches gesessen habe, habe ich an einer Stelle den Faden verloren und tippe auf eine schlechte Arbeit. Ansonsten sind wir jetzt bei der Intervention 1920. In Literatur habe ich vorigen Sonntag einen Hausaufsatz geschrieben «Lenin bei Gorki und Majakowski». Jetzt sind wir bei der Periode des Bürgerkrieges. Morgen schreiben wir eine Chemiearbeit über Metalle. Schwesterlein ist 15 Jahre alt geworden, ein stattliches Mädchen, Stolz des Bruders, sitzt in der 5. Klasse und gehört zu den Besten, kann besser russisch als manch einer. Am Sonnabend war ich mit der Klasse in Kálmán's Operette «Die Bajadere ».[76]

Lomonosov, 24. 12. 1949

Mir ist recht wenig weihnachtlich zu Mute, denn Montag schreiben wir eine Prüfungsarbeit in Trigonometrie und Astronomie, da muß ich also morgen büffeln. Die Sachlage ist so: in Geometrie, Trigonometrie und Physik droht mir mangelhaft. Es liegt weniger am Begreifen, als am Zeitmangel. Die Klassenkameraden helfen mir in diesen Fächern, ich ihnen in Englisch. Ich glaube nicht, dass ich in diesem Jahr durchkomme. Nichts desto Trotz – Russisch kann ich nun bald, und wir kapitulieren nie! In diesem Jahr fühle ich mich wenigstens wohl in der Schule. Ich lese zur Zeit von Makarenko «Педагогическая поэма»[77], ein wirklich gutes Buch. In Literatur sind wir jetzt bei A. Tolstoi angelangt: «Пётр I», «Хождение по Мукам», «Хлеб»[78]. Wir wiederholen «Евгений Онегин». Ich bin von Puschkin begeistert. Ab 1. Januar 1950 gibt es 10 Tage Ferien, da richte ich mich noch einmal auf wie ein angeschlagener Boxer, um dann höchstwahrscheinlich endgültig zu Boden zu gehen, Aber: «Nur der verdient die Freiheit wie das Leben, der täglich sie erobern muß!»[79]

Lomonosov, 29. 1. 1950

In der Schule halte ich mich immer noch. Die Fächer sind nicht schwer, aber sehr umfangreich, und es wird so kommen, daß mir der Zeitmangel das Genick bricht und ich wieder ein Jahr verliere. Ich weiß bloß nicht, wie ich die Schande des Durchfallens überstehe.

Lomonosov, 7. 2. 1950

Noch zwei Monate, dann ist wohl für mich alles vorbei, dann wird nämlich entschieden, wer zum Examen zugelassen wird (und ich bin nicht dabei, weiß ich jetzt schon). Dennoch: versuchen und nochmals versuchen, schlafe zur Zeit von 1–5 und werde doch nicht fertig, macht aber trotzdem großen Spaß. Jeden Mittwoch und Sonnabend habe ich mit ein paar Klassenkameraden Russischunterricht bei unserer Lehrerin. Grammatik

---

76   In drei Akten. Uraufführung 1921.
77   *Pädagogisches Poem.*
78   *Brot.*
79   Johann Wolfgang von Goethe: *Faust. Der Tragödie zweiter Theil.* Stuttgart 1832,321.

wird da getrieben. Hoch interessant für mich. Grammatik ist eigentlich nicht richtig – besser ist Orthographie. Und nun noch eins: entweder bekommst Du im Sommer viele Briefe von mir, oder ich komme selbst. Fama est, daß wir bald nach Hause kommen!!!: Es ist unvorstellbar.

Lomonosov, 16. 4. 1950

Ich führe in letzter Zeit ein wenig menschenwürdiges Leben: 4–5 Stunden Schlaf, ich ziehe mich gar nicht mehr aus, was aber noch schlechter ist: bei voller Aussichtslosigkeit auf Erfolg. In 14 Tagen wird entschieden, wer zugelassen wird, vom 20 Mai bis 20 Juni sind Examen, Na, ich höre wohl in 14 Tagen auf.

Lomonosov, 2. 5. 1950

Noch 18 Tage, dann beginnt das Examen mit Russisch schriftlich, Aufsatz, danach mündlich, dann Geometrie ... u.s.w. bis zum 20 Juni, für die, die sich durchgestümpert haben, Englisch dann als froher Ausklang. Zugelassen werde ich, soviel weiß ich, aber das hat nichts zu sagen, denn die Geometriearbeit verhaue ich auf alle Fälle. Ausgleichsfächer die ich hätte (Deutsch, Englisch) gibt es hier nicht, also auf in den Kampf! Zur Zeit wiederhole ich die «Billette», das sind die Themen, die geprüft werden. Wahnsinnig viel in Geschichte, Physik und reichlich in Literatur. Chemie ist nicht schwer, aber ich war immer faul. Na, Versuch macht klug. Wie gesagt, noch 18 Tage!! Wir warten nach wie vor auf die Abreise.

Lomonosov, 21.5. 1950

Ich stehe zur Zeit im Examen. Gestern war nun die erste Prüfung: Russisch schriftlich (Aufsatz, die Bedingungen: 5 Stunden, 7 Seiten, nicht mehr als 3 Fehler. Ich habe das freie Thema genommen: «К победам ведёт нас светлий Сталин, вокруг него сплотился весь» (Zu Siegen führt uns der lichte Stalin, um ihn hat sich das ganze Volk geschart). Ich zog heim in dem Bewußtsein, nun endgültig von allem erlöst zu sein, denn wer den Aufsatz verhaut, wird zu den übrigen Prüfungen gar nicht erst zugelassen. Und gestern Abend nun erzählen mir meine Klassenkameraden, mein Aufsatz wäre von der Kommission gelobt worden, eine 3 ist es auf alle Fälle. Na ja, der weise Volksmund «Die dümmsten Bauern ernten die größten Kartoffeln». So muß ich also weiterpauken. Am Dienstag ist Literatur mündlich dran.

Lomonosov, 26. 5. 1950

Noch ein paar Worte zu den Prüfungen: Literatur schriftlich und mündlich habe ich hinter mir, beide Male mit gut. Mündlich hatte ich russische Nachkriegsliteratur, mußte eine Charakteristik der Personen Раевская и Гаев in «Вишнёвый сад» [80] Чехова geben und noch einen Satz analysieren. Morgen nun Geometrie schriftlich – es ist klar, daß das nichts wird.

80   Raevskaja und Gaev in Višněvyj sad (Kirschgarten) von Čechov.

Lomonosov, 30. 5. 1950

Vor einer Stunde bin ich vom mündlichen Geometrieexamen heimgekehrt (siegreich). Auch schriftlich alles Überstunden, eine gute 3 habe ich bekommen. Mit welchem Wonnegefühl habe ich heute die Geometriebücher und Hefte außer Sichtweite gebracht!! Jedoch wandere ich weiter durch die Höllenkreise: Algebra am Sonnabend, dann Physik und Chemie.

Lomonosov, 8. 6. 1950

Soeben eine der gefürchtetsten Prüfungen glücklich überstanden: Physik. Ich hatte ein prima Billet gezogen: Parallel- und Hintereinanderschaltung von Leitern im Stromkreis, Kinetische und potentielle Energie, Ableitung der Formel und eine Aufgabe, die ich nicht lösen konnte, habe aber die Formel dazu ableiten können, die Kommission war befriedigt. Ich hätte nie gedacht, daß dieses was werden könnte, es war idiotisch viel, und hätte nicht einer unserer Spezialisten (Herr Gräfe) sich meiner angenommen, der mir alles höchstkonzentriert eingetrichtert hat, so wäre es auch nichts geworden. Dank dem teuren Manne! Sämtliche Physikbücher sind bereits ad acta gelegt worden. Auch Algebra habe ich hinter mir, ich weiß nicht einmal, was für eine Note ich bekommen habe. Nun noch drei Prüfungen: Chemie, Geschichte und Englisch. Die ersten beiden sind ebenfalls umfangreich und gewaltig. Ich sehe dem Tag entgegen, da ich von den Naturwissenschaften frei werde, dann beginnt für mich das Leben. Ein wenig noch vom Wetter: es ist kalt hier (am 8.6.!!) wir heizen, ewig bewölkt.

Lomonosov, 20. 6. 1950

Stimme von oben: Ist gerettet! – Heute um 15^{30} war mein Schicksal zu meinen Gunsten entschieden: ich habe die Abiturprüfung bestanden. Das als kurze Einleitung, nun etwas ausführlicher: am 12. 6. Chemie: Säuren, ihre Eigenschaften vom Standpunkt der elektronischen Dissoziation her, Erdöl und seine Bearbeitung, aus drei Lösungen war zu bestimmen, in welcher ein Salz der Schwefelsäure war. Es war so einfach, daß ich Wahnwitziger als erster geantwortet habe, um nach 15 Minuten mit einer 4 nach Hause zu ziehen. Am 16. 6. dann Geschichte. Das war nach Physik die entsetzlichste Prüfung. 44 Billette zu je zwei Fragen waren einzutrichtern. Vor der Prüfung, wie vor jeder, bis auf 2 Stunden Schlaf durchgearbeitet und noch einmal alles «überlesen». Ich zog Billett Nr. 26: Angriff und Niederlage Denikins, Stalins Plan zur Vernichtung Denikins, Vernichtung Judenitsch's, Politik des «kriegerischen Kommunismus», Innenpolitik Katharinas II, Stärkung der Adelsherrschaft, Bildung und Kultur in der Mitte des 18. Jahrhunderts, die Akademie der Wissenschaften, Lomonosov und seine Rolle in der Entwicklung der russischen und der Weltwissenschaft. Es folgten Ergänzungsfragen: Materialismus in der geschichtlichen Gesellschaftsentwicklung, Marxismus, 3. Fünfjahrplan, Dekrete 1917 auf dem 2. Kongreß. Ich war in Form, beantwortete sämtliche Fragen und bezog eine 5 (Ich habe halt Schwein gehabt, denn es gab auch Themen, zu denen einfach nichts zu sagen war). Nach dieser Prüfung war mir der Abschluß sicher, denn nun folgte als fröhlicher Ausklang für mich Englisch: 12 Zeilen waren zu

übersetzen, Zeit hatte man über eine Stunde! Fremdsprachen sind ein
Stiefkind im russischen Schulsystem. Ich bekam eine 5, denn unter den
Blinden ist der Einäugige König. So, damit war und ist es nun überstanden.
Folgende Prüfungszensuren: Literatur mündlich 4, schriftlich 4, Geometrie
mündlich 4, schriftlich 3, Algebra mündlich 4, Physik 3, Chemie 4,
Geschichte 5, Englisch 5. Die endgültige Zensur sieht natürlich anders aus,
da spielt die Jahreszensur eine Rolle, da habe ich nur in Literatur,
Geschichte, Chemie eine 4, Englisch und Betragen eine 5, alles andere eine
3. Ich stand natürlich etwas im Brennpunkt der Ereignisse, war
Gesprächsstoff der Lehrerschaft und vieler mir unbekannter Freunde, man
war fürbaß erstaunt. Nun noch etwas zum drum und dran: die
Prüfungskommission bestand aus 5 Personen: Direktor, der betreffende
Fachlehrer, Assistenten aus eigener und anderen Schulen: Es waren alles
Menschen, die kein Interesse daran hatten, jemanden mit Gewalt
durchfallen zu lassen. So sind denn auch alle 33 Schüler unserer Klasse
durchgekommen. Am 24. 6., am Sonnabend, ist große Feier, es gibt das
Abiturpapier, die Eltern sind auch dabei, Lehrer «Ortsgrößen», ich bin
gespannt. Nun muß ich nach Moskau schreiben wegen einer Genehmigung
zum Universitätsbesuch und muß mich zur Aufnahmeprüfung in Literatur,
Geschichte, Geographie und Fremdsprache (l. bis 15. August) vorbereiten.

Lomonosov, 27. 6. 1950

Nachdem jeder Schüler der 10. Klasse 100 Rubel in die Kasse gezahlt
hatte, richteten die Eltern meiner Klassenkameraden ein großes Festmahl
her, das der feierlichen Reifezeugnisaushändigung gewidmet war. Am 24.
6 zog dann meine ganze Familie (die Eltern aller Schüler waren anwesend)
zum großen Siegesmahle. Es war sehr schlicht, aber verdammt gemütlich.
Wirklich rührend hat man sich um meine alten Herrschaften bemüht. Nach
der Nationalhymne, gespielt von einem Blasorchester, begannen Vertreter
von Partei und Schule, uns ihre Glückwünsche auszusprechen, verwiesen
auf die Hoffnungen und die Pflichten, zu denen jeder dem Staat gegenüber
verpflichtet ist. Und nun stelle Dir mein Entsetzen vor: meinem alten Herrn
wurde das Wort erteilt! Na, er erhob sich und begann der Lehrerschaft
seinen Dank auszusprechen für Wissen und Verständnis unserer Lage. Und
Kätchen, die neben ihm saß, hat ihm feste vorgesagt, aber da er die Wörter
nicht so richtig verstand, hat er sie manchmal ein wenig umgemodelt und
aus Bildung wurde z. B. Dampfbildung. Nichtsdestotrotz wurde auf das
heftigste applaudiert. Auch ich fühlte mich verpflichtet, einige Worte an
die Gemeinschaft zu richten. Ich glaube, ich habe den Hörerkreis vollauf
befriedigt und zwei Fehler gemacht, wie mir nachher eingefallen ist. Und
nun schließlich wurde unter Tuschklängen jedem Schüler das ersehnte
Dokument ausgehändigt. Danach begann das Festessen: Stullen ohne
Butter drunter, denn Butter ißt der Russe nur selten oder gar nicht, es gibt
einfach Brot und dick Wurst oder Käse oder Hering drauf. Außerdem gab
es Torten, Konfekt, Kekse u.s.w. Sogar Wein war da. Die Schülereltern und
Lehrer haben reichliche Flaschenmengen geleert, während zum großen
Unwillen der Schüler-Abiturienten und Reifezeugnisträger und Be[i]sitzer
an unseren Tischen der rote Traubensaft arg rationiert war. Es folgte Tanz

unter dem Getön eines Grammophonapparates, und um 2 Uhr nachts, nachdem alle Eltern längst das Weite gesucht hatten, haben wir Schüler von 3–5 Uhr einen Spaziergang durch den Park gemacht. Heute nun war ich in der Uni auf der Ostfakultät und habe mich zum Studium der chinesischen Sprache angemeldet. Ich habe dort kurz meinen Lebenslauf geschrieben, einen dicken Fragebogen ausgefüllt, ein Gesuch eingereicht, mit einem Sekretär gesprochen. Die Leute dort sind sehr höflich, ich brauche jedoch eine Extragenehmigung aus Moskau. Na, ich habe ja schon in der vorigen Woche an das Kultusministerium geschrieben. Beim Herrn Dekan war ich auch, der war über meine vielen Dreien recht unzufrieden und sprach von schlechtem «Mitkommen in der Schule» (ich habe nur dreimal gut und ein sehr gut». Ich habe ihn freundlichst darauf hinge-wiesen, daß ich als Ausländer in einem Jahr beim besten Willen nicht mehr habe erreichen können, vielleicht hat er es eingesehen. Ich war also da und habe ein Programm für die Aufnahmeprüfung erstanden: Russische Sprache, Literatur, Geographie, Fremdsprache. Ein ganzer Haufen wieder, morgen geht das Pauken wieder los. Am 25.7. muß ich nochmal hin, ab 1.8.–20.8. sind Aufnahmeprüfungen.

Lomonosov, 17. 8. 1950

Gaudeamus igitur! ich bin Student Ленинградского университета имени Жданова, восточный факультет.[81] Ende Juni gab jeder Bewerber bei der Aufnahmekommission seine Dokumente ab, als da: Abiturzeugnis, 4 Paßbilder, Lebenslauf, füllte dicke Fragebogen aus und erstand für ganze zwei Rubel ein «Handbuch für in die Universität Eintretende». Da findet man einiges zur Geschichte der Leningrader Universität, was die einzelnen Fakultäten eigentlich bieten und das Programm für die Aufnahme-prüfungen. Für mich, den zukünftigen «восточник», waren russischer Aufsatz, russische Literatur und Grammatik, Geschichte, Englisch und Geographie zur Aufnahmeprüfung Bedingung. Inzwischen war die Studiengenehmigung aus Moskau «zu allgemeinen Bedingungen wie jeder Mitbürger der SSSR» eingetroffen. Der 1.8. rückte heran, ich fuhr, an Kummer gewöhnt, zum ersten Examen: Aufsatz: drei Themen: Die Gestalt Lenins im Poem Маяковского «Владимир Ильич Ленин» [82]; Die Bauernbewegung in Puschkins Werken; Der Patriotismus des sowjetischen Volkes im Großen vaterländischen Krieg. Ich nahm das das letztere, freie Thema, obwohl es für mich wenig aussichtsreich war, jedoch für das erste Thema hätte ich einen Haufen Zitate wissen müssen, zum zweiten Thema wußte ich die Namen der Helden nicht ganz genau, es drehte sich um die «Капитанская дочка» und um «Дубровский»[83]. Zur Verfügung standen 4 Stunden. Am 3.8. Abends erwachte ich zu neuem Leben, denn ich hatte eine drei geschrieben (viele Russen 1 und 2). Die nächste Prüfung fand am 4.8. statt – Englisch, nach 20 Minuten zog ich mit einer fünf auf meinem Examinationsausweis nach Hause. Am 7.8. Russische Literatur und Grammatik: «Господа Головлёвы» Салтыкова–Щедрина [84]; «Die

---

81   der Leningrader Ždanov-Universität, Orientalische Fakultät.
82   Majakovskijs *Vladimir Il'jič Lenin*
83   *Die Hauptmannstochter, Dubrovskij.*
84   *Die Herren Golovëv* von Saltykov-Ščedrin.

russische Frage» von Simonov; Satzanalyse. Es ging alles glatt, ich wurde um die zweite fünf bereichert. Am 10. 8. kam die Zerreißprobe: Erdkunde. Da wir in der Schule keine Erdkunde mehr durchgenommen hatten, betrat ich Neuland. Aber die Götter, die himmlischen Heerscharen lenkten meine kecke Hand zu einem prima Billett: Waldzonen in der SSSR, ihre wirtschaftliche Bedeutung, Bevölkerungsdichte der Welt – eine dritte fünf schmückte mein Examinationsblättchen. Am 14.8. schließlich das letzte Examen: Geschichte: Die Kultur des Kievschen Rußlands; Der Kampf Katharinas II und Pauls I gegen die Französische Revolution; Die Schlacht bei Stalingrad. Mit einer vier kehrte ich heim. Am 16. 8. sollte dann in der Aula die Verordnung des Rektors über die Immatrikulation bekanntgegeben werden. Mit 22 von 25 zu erreichenden Punkten hatte ich immerhin Chancen. Also fuhr ich gestern nach Leningrad. Um 4 Uhr war Untersuchung; ich mußte in Turnhose rennen, springen, am Reck baumeln und anderes mehr. Als Sportart habe ich Rudern und Skifahren gewählt. Später betrat dann ein Mann mit Listen das Pult, ich höre: Ostfakultät ... **Диль Иоганн** – ich bin Student! Ich muß Dir ja noch etwas erzählen: Vor meinem Abitur hatte ich einmal gesagt: «Wenn ich das Abitur bestehe, dann gebe ich ein großes Fest, zu dem alle eingeladen sind, außer Frau X und der Hund Cherry (beide sind meine Unfreunde)», und so mußte ich nun zu meinem Worte stehen. Mein alter Herr hat 150 Pfannkuchen, feinste Berliner, gebacken, ein gutes Kilo Bohnenkaffee wurde durch die Mühle gejagt, und die Gästeschar zum 1.7. eingeladen. Das ganze spielte sich unter unseren Kolonnaden ab, die mit bunten Bändern geschmückt waren. Tanzmusik, gute Stimmung und gutes Wetter ließen diese «rauschende Ballnacht», einem glücklichen Abiturienten (siehe Bild) gewidmet, in die «Geschichte der Kolonie» eingehen. Als der Morgen graute, zog ein jeder ins Bette. Anbei ein Bild mit nicht voller Teilnehmerzahl (Das Mädchen an meinem Arm ist meine «kleine Schwester»).

Lomonosov, 27. 8. 1950

Seit dreieinhalb Jahren die ersten Ferien, ich fühle mich sauwohl. Ich habe mir ein 2 m hohes und nur 50 cm breites Bücherregal gebaut, worin jetzt die Lehrbücher untergebracht sind, Mathematik und sonstige Naturwissenschaften natürlich ganz unten. Mit Schwesterlein haben wir alle Bücher abgestaubt, Zeitungen sortiert und mein während der Examen zur Rumpelkammer gewordenes Zimmer wieder hergerichtet. Ich habe zur Zeit gar keinen festen Plan, denn ich weiß ja nicht, wie es mit meiner Zeit ab dem 1.9. bestellt sein wird. Übermorgen fahre ich zur Uni, um zu erfahren, wie und was. Sicherlich muß ich täglich mit der Bahn rein und raus fahren, da es mit dem Studentenheim nicht klappt.

Lomonosov, 17.9. 1950

Mein «Stundenplan» (denn hier gibt es keine Lehrveranstaltungen, die Du in freier Wahl besuchen und wählen kannst, du mußt alle im Plan vorgesehenen Stunden besuchen, ob sie was taugen oder nicht): Englisch, Chinesisches Seminar, Einführung in die Sprachwissenschaft, Sport, Chinesische Umgangssprache, Grundlagen des Marxismus, Einführung in die Literaturkunde, Politische Information, Einführung in das Studium der chinesischen Sprache, die moderne russische Sprache, Phonetik der chinesischen Sprache, Geschichte der SSSR, Geographie Chinas. Belegen würde ich von all diesen Fächern nur das Seminar Chinesisch, die Einführung in das Studium der chinesischen Sprache, Geographie Chinas und die Einführung in die Sprachwissenschaft von Professor Холодович[85], ein Genuß ist diese Vorlesung. Russisch habe ich täglich mindestens 10 Stunden lang betrieben, zum Chinesischen verbleiben mir täglich höchstens 3 Stunden.

Lomonosov, 24. 9. 1950

Unser Akademiemitglied Professor Алексеев[86] hat sich sehr lobend über Deutschlands Sinologen ausgesprochen. Ich mache jetzt jeden Tag auch Englisch, wo ich so wenig Ahnung habe wie vor 4 Jahren in Russisch, na, mit der Zeit auch das. Hast Du übrigens im Radio gehört: 218 deutsche Spezialisten vom Jahre 1946 sind jetzt in Deutschland eingetroffen. Ich kann Dir sagen, wir fiebern und brennen alle auf die Rückkehr und hoffen, daß auch wir nun endlich an die Reihe kommen. Der Park hat den Herbstschmuck angelegt, es ist trübe und regnerisch.

Lomonosov, 8. 10. 1950

Höre, wie es mit meiner Zeit bestellt ist: Dieser dämliche Pflichtplan hält mich nur vom Arbeiten ab, und das jeden Tag bis 15 Uhr oder sogar bis 17 Uhr. Dann begebe ich mich in die Bibliothek mache 2–3 Stunden Chinesisch und fahre nach Hause: 20 Minuten Autobus, 60 Minuten S-Bahn und bin um 20 oder 21 Uhr zu Hause. Esse Mittag und sitze bis 24 Uhr. Von 21 Uhr bis 24 Uhr sind drei Stunden. Eine davon geht ab für Englisch, bleiben 2 Stunden übrig für alle anderen Fächer (Siehe Stundenplan). Da nun aber im Dezember schon die Prüfungen drohen, muß man überall ein bißchen machen, ohne auch nur eine Sache gründlich betreiben zu können.

Lomonosov, 15. 10. 1950

Meine Methode ist eine andere: erst die Sprache und dann in dieser Sprache über Land, Leute, Sitten und Gebräuche lesen und lernen. Aber ich habe schon gemerkt, daß man auf der Uni so nicht weiter kommt, man tut so, als wüßte man überall ein bißchen, und ich muß ganz gegen meinen Willen auch mehr oder weniger schlechte Übersetzungen lesen, obwohl ich das für Unsinn halte. Lies die übersetzten Gedichte Deiner Freundin nicht. Die Übersetzung eines Gedichtes ist wie eine Schutzhülle, die man, sagen wir, über einen schönen Sessel zieht, man erkennt von außen zwar, daß es ein Sessel ist, aber wie schön er in Wirklichkeit ist, bleibt dir verborgen.

Lomonosov, 12. 11. 1950

Ob wir beide wohl bald wieder über die Brücke gehen? Noch ein Jahr, noch 365 Tage! – bis Mitte 1952 sollen alle Spezialisten nach Hause zurückgekehrt sein! Gestern war ich im Theater. Es gab von Корнейчук[87]

85 Aleksandr Alekseevič Cholodovič (1906–1977), Linguist und Orientalist.
86 Vasilij Michajlovič Alekseev (1881–1951), der prominenteste Sinologe Rußlands.
87 Aleksandr Evdokimovič Kornejčuk (1905–1972), ukrainischer Schriftsteller, Politiker, Dramaturg und Journalist. Das genannte Stück ist Гибель эскадры (1933).

«Untergang des Geschwaders». Sehr gut gespielt, es hat mir sehr gefallen.

Lomonosov, 19. 11. 1950

Heute war ich mit Schwesterlein in der Oper. Wir haben uns «Дубровский» angesehen, Musik von Э. О. Направник[88], nach Motiven der gleichnamigen Novelle von Puschkin. Im nächsten Jahr kommen wir <u>ganz bestimmt</u> nach Hause!

Lomonosov, 5. 12. 1950

Hier bei uns in der Uni beginnen demnächst die sogenannten **зачётные сессии** und die **экзамены**. In der **зачётная сессия**[89] wird bloß so gefragt, es werden keine Zensuren gegeben (außer in Marxismus), beim Examen dagegen geht es um Sein oder Nichtsein. Wir haben Examen in «Einführung in die Literaturkunde» und «Ökonomische Geographie Chinas», am 7.1. und am 10.1. Die chinesischen Schriftzeichen sollen wir nicht auswendig lernen, wir sollen uns nur erinnern, wenn wir sie sehen, die Zeit würde auch gar nicht reichen, denn neben 6 Stunden Chinesisch werden ja nur noch 28 Stunden andere Wissenschaften vorgetragen! So lernt man Chinesisch in 5 Jahren auf keinen Fall!

Lomonosov, 24. 12. 1950

Wir haben die Kerzen an unserem Weihnachtsbaum angesteckt, unsere Weihnachtsliederschallplatten gespielt und uns gefreut, daß es die letzten Weihnachten in der Fremde sind. Heute Mittag haben wir schon die erste Hälfte der Weihnachtsgans vertilgt, heute schon, denn morgen muß Vater wieder ins Büro, Kätchen in die Schule und ich in die Uni. Nun steht uns Neujahr bevor, ein neues Jahr, in dem ich in die Heimat zurückkehre!

Lomonosov, 6. 1. 1951

Nach den russischen Büchern frage ich deshalb, weil wir beim Grenzübertritt keine schöngeistige Literatur mitnehmen dürfen, nur Lehrbücher, ich muß also meine Bibliothek verkaufen und hoffe, sie in Berlin neu erwerben zu können. Mit dem nichtssagenden Ausdruck «bald» verhält es sich jedoch so: aus Leningrad sind die ersten Spezialisten nach Deutschland zurückgekehrt! Und nun denken wir, daß auch wir dran sind und zwar bald – das kann sein in einer Woche bis Ende des Jahres. Heute hatte ich Examen in «Einführung in die Literaturkunde». Drei Fragen: Romantik; Tonischer Versbau; Gedicht von Majakovsky (Versmaß bestimmen, was für Reime, welche Metapher u.s.w.). Es ging alles gut ab, ich bekam eine 5. Am 11.1. Examen in ökonomische Geographie Chinas.

Lomonosov, 20.1.1951

Am 11.1. Examen in «Ökonomische Geographie Chinas» mit drei Fragen: Die Rolle des Qinlingshan [秦嶺山]; die Provinz Hubei; Transport zu Meer in China. Es waren günstige Fragen, ich bekam eine 5. Am 15.1. dann

---

88   Éduard Francevič Napravnik (1839–1916), Komponist tschechischer Herkunft. Seine Oper *Dubrovskij* hatte 1895 Première.
89   «Testsitzung.»

зачет in Marxismus: Lenins Kampf mit der Народничество[90]; die geistigen Grundlagen der marxistischen Partei. Auch das klappte. Das erste Semester ist somit überstanden, nun habe ich bis zum 5. oder 6. Februar Ferien. Schwesterherz triezt mich, ich soll mit ihr schlittschuhlaufen und Ski fahren, ich schütze Alter und Arbeitsüberlastung vor. Ich habe von Charles Dickens «The posthumous papers of the Pickwick Club» erstanden, 890 solide Seiten, die ich durcharbeiten will.

Lomonosov, 2.2.1951

Ende des zweiten Semesters sind schätzungsweise – 7 Examen, ich muß also was tun. Du fragst, warum ich vom Englischen befreit bin. Ich werde für einen «Könner» gehalten und bin deshalb von sämtlichen 4 Wochenstunden befreit, dabei kann ich nichts für'n Sechser. Die Posthumous papers habe ich angefangen und klettere von Satz zu Satz. Ich habe bereits begonnen, meine russische Bibliothek zu verkaufen – alle Bücher muß ich verkaufen, mein Herz blutet, nur Lehrbücher soll man mitnehmen dürfen.

Lomonosov, 18.2.1951

Es fahren demnächst, so Mitte bis Ende März, Forscher nach Hause. Wir warten ebenfalls auf die Abreise und denken, daß es zum Sommer ebenfalls losgeht! Meine russischen Bücher sind zum größten Teil bereits verkauft – es ist ein Jammer. Im Pickwick club schlage ich Vokale für Vokabel nach und lerne sie, immer im ganzen Satz. Bei euch liegt man also schon in der Sonne! Bei uns sind 20 Grad Kälte und das schon gute 14 Tage, heute waren es übrigens nur 13 Grad minus.

Lomonosov, 4.3.1951

Ich habe unlängst in der Zeitung gelesen, daß der Unibetrieb in Deutschland geändert wird. Es kommt so wie hier, auch zu Euch kommt jetzt der Plan, dann reicht die Zeit zu nichts gründlichem, alles wird so ein wenig betrieben, um das Examen zu bestehen. Unser Stundenplan ist zur Zeit sehr ordentlich, er ist mir nur sehr reichlich. Im Chinesischen lesen wir Mao Tse-tung, das geht ganz gut. Außerdem lesen wir noch Zeitungstexte, das ist schon schwieriger, denn stellenweise bekommt man überhaupt keinen Sinn in seine Übersetzung. Posthumous papers S. 35, ich habe nur eine Stunde pro Tag für Englisch übrig. Meine russischen Bücher habe ich nun alle verkauft, ich hoffe nun, daß ich sie daheim für Geld und gute Worte wieder erstehen kann.

Lomonosov, 18.3.1951

Du hast wohl das Schreiben eingestellt und glaubst mich schon unterwegs gen Heimat reisen? Nein, noch nicht, jedoch bald. viele tippen auf Ende Mai – Anfang Juni. Ach wäre das schön, ich würde mir einige Examen ersparen, die ja im Juni stattfinden. Heute morgen

90 «Populismus.»

zeigte das Thermometer um 8 Uhr 23 Grad minus an, vor vier Tagen hatten wir tüchtigen Schneefall, es ist tiefster Winter, und nach dem Wetter richtet sich auch unsere Lebensweise: heute haben wir zwei Meter Holz gekauft, und für die kommende Woche habe ich Holz gesägt und gehackt, denn sonst würden wir glattweg erfrieren. Wir haben hier alle den Winter satt. Am Mittwoch war ich mit meinem Kommilitonen Sascha in der Oper: *Carmen.*

Lomonosov, 1.4.1951

Keine 7 Monate mehr und ich kehre von unserer großen Auslandsreise heim: neuste Parole: bis August sind Deutschlands Forscher nebst Anhang heimgekehrt! Die Zeit fängt an, entsetzlich knapp zu werden, denn die Examen nahen, ab 1.6. (Ich hoffe, noch vorher abzufahren). Chinesisch geht langsam voran, wir lesen Texte, zum ordentlichen Lernen der Schriftzeichen reicht aber die Zeit nicht, sie reicht überhaupt zu nichts Gründlichem, oh, wie ich das hasse. Pickwick club Seite 60.

Lomonosov, 21. 4. 1951

Hier ist es bitterkalt, um Null Grad und an Knospensprießen und Frühling überhaupt nicht zu denken, hier gehen die Leute noch in Pelzmänteln. Ich persönlich bin jedoch ganz nach dem Kalender gekleidet, Skijacke und Hose, aus. Die Russen frieren immer, wenn sie mich sehen, mir jedoch ist warm, denn ich bilde mir ein: es ist Frühling. Zur Uni: die Examen rücken heran: Chinesisch; Russisch; Einführung in die Sprachwissenschaft; Marxismus-Leninismus; Geschichte und зачёт in Englisch und Sport. Zum Chinesischen: Du übersetzt einen Satz und denkst, nach den Regeln der grammatikalischen Kunst richtig übersetzt zu haben und ziehst frohen Mutes ins Seminar: und da wird dein Satzhaus bis auf den Grund zu Boden gemacht, zu Staub und Asche zerrieben, ein Wort, das du als Objekt übersetzt ist Subjekt, ganze nachfolgende Sätze, die am ersten hängen, stürzen ein, bekommen einen anderen Sinn, eine ganz andere Bedeutung, um dich herum siehst du den von dir bebauten Acker in Wüstensand verwandelt, auf den die grelle, heiße Sonne der richtigen Übersetzung des Assistenten niederbrennt! Eine schwere Sprache, wie schön muß es sein, sie zu können

Lomonosov, 2. 5. 1951

Der Mai ist gekommen, das Wetter war gestern und auch heute ausgesprochen schön, den ganzen Tag Sonne, nur der Wind war etwas kühl. Den ganzen gestrigen Tag habe ich nichts getan, ich habe vor unserer Wohnungstür, die auf den großen «Schloßhof» hinausgeht, ein Stündchen geharkt, habe Sperrholzplatten als Windschutz aufgestellt, Radio und Plattenspieler hinausgeschleppt und den ganzen Tag Musik gehört. Vorher hatte ich noch Strippen um unsere «Parzelle» gezogen, bunte Papierstreifen mit roten Herzen daran befestigt, um das Maifest würdig zu begehen. Am Abend beschlossen die Kolonisten zu tanzen, unter unseren Kolonnaden auf stellenweise sehr unebenem Zementfußboden. Trauriges Ergebnis dieser Volksbelustigung: ein kreisrundes Loch in der Schuhsohle.

Bis August hoffen wir, dreimal zu Hause zu sein, ich bringe dann den Shakespeare mit, wenn ich mich bei Dir vorstelle. Morgen beginnt in der Uni der Endspurt. Mit dem Chinesischen bin ich nicht zufrieden, ich bin noch gar nicht eingedrungen in die Materie, den alten Dickens lese ich auf Seite 90. Nach wie vor äußerst interessant die «Einführung in die Sprachwissenschaft».

Lomonosov, 13. 5. 1951

Ich habe gehört, daß in der deutschen Schule jetzt drei Richtungen verfolgt werden: Naturwissenschaften, Sprachen, Geschichte. Könntest Du in Erfahrung bringen, wie es in unserer alten Schule in Erkner damit steht? Schwesterherz wird im November 17 Jahre alt und geht hier in eine ihrem Alter entsprechende Klasse. Wir haben sie dort bewußt hineingebracht, denn diese Klasse lernt russische Grammatik in Reinkultur. Russisch spricht sie ohne Akzent, sie hat sehr gut in Russisch, ist Klassenzweite und hat Chancen отличник[91] zu werden, das heißt in allen Fächern sehr gut. Nun wollen wir sie in Deutschland in die Sprachabteilung bringen, dort sollen Russisch, Polnisch oder Tschechisch und Englisch Hauptfächer sein. Wie schön es bei euch sein muß! Hier ist es immer noch bitter kalt, die große Mehrzahl aller Bäume steht immer noch nackt und bloß und kahl, die Minderheit zeigt man gerade so ein ganz ganz leichtes grünes Schimmern. Wie wir uns nach Hause sehnen! Wir hoffen, daß sich im Mai etwas mit der Abreise tut.

Lomonosov, 27. 5. 1951

Weißt Du übrigens das Neuste schon? Eine Gruppe von Spezialisten, mit denen wir zum Teil gute Bekannte geworden sind, sind am Freitag abgefahren! Genau eine Woche vorher haben sie Bescheid bekommen, daß es losgeht. Na, mal müssen wir ja auch dran sein. Es lohnt sich, vom Wetter zu reden: eine Hundekälte, hier geht alles noch mit Mänteln. Und noch eins: der Fahrplan hat sich geändert, die Züge fahren öfter, so etwa alle 30 Minuten, ich komme jetzt also pünktlicher in der Uni an. Die Vorlesungen Geschichte der SSSR und Russisch sind zu Ende, morgen liest Холодович zum letzten Mal. **Зачёт** habe ich bereits in Englisch und Chinesisch, morgen probiere ich, es mir in Sport zu holen, was sehr kompliziert ist, denn ich habe regelmäßig einmal in der Woche geschwänzt und zweimal muß jeder erscheinen, jedoch stehe ich mit meinem Sportlehrer in äußerst freundlichem Verhältnis und ich hoffe auf Diplomatie. Am Dienstag ist **Зачёт** in Phonetik und am Mittwoch ist letzter Arbeitstag an der Uni. Dann geht es los mit den Examina. In den Posthumous Papers stehe ich auf Seite 127 (langsam aber sicher).

Lomonosov, 10. 6. 1951

Morgen steigt das zweite Examen: Russisch. Vom Chinesischen kann ich Dir eine 5 melden, es war ganz einfach. Noch 20 Tage, und ich trete einen zweimonatigen Urlaub an, ich komme mir vor wie ein Generaldirektor. Wir warten auf die Abreise ...

---

91   «Ausgezeichneter Schüler.»

Lomonosov, 18. 6. 1951

Es rührt sich was in puncto Abreise – man vermutet, man munkelt – bald, in Kürze muß es so weit sein. Für mich ist es das zweite große Ereignis meines Lebens: nach 5 Jahren Heimkehr in die Heimat, wenn Du wüßtest, wie ich mich freue. Die Examen in Russisch und Einführung in die Sprachwissenschaft habe ich mit 5 bestanden, nun kommt am Sonnabend Marxismus dran, da steht die Sache nicht so ganz auf festen Füßen, denn nur vier Tage zum Vorbereiten und ein Haufen Material. Dann noch Geschichte und aus, und dann die Abreise! Gaudeamus igitur !

Lomonosov, 1.7.1951

Am 23.6. Examen in Grundlagen des Marxismus–Leninismus. Ich zog los mit einer einzigen wunden Stelle: Empiriokritizismus, träumte die Nacht davon, daß ich ausgerechnet diese Frage bekomme und durchfalle. Aber die Götter standen mir zur Seite: Ich zog das Billett, wovon ich seit Semesteranfang schwärmte: Die «Bolschewisten zur Zeit der Stolypinschen Reaktion»; die Losung «Alle Macht den Sowjets»; «Die ideologische Bedeutung der Parteierlasse». Ich war gerettet, glänzte sogar und bekam eine 5. Nach sechs Tagen dann Geschichte der U.d.S.S.R.: «Bildung des russischen zentralisierten Staates» und «Oktoberstreik 1905».

Diesmal glänzte ich nicht, aber zur 5 reichte es doch. Nun liegen 2 Monate Freizeit mit Hoffnung auf Abreise vor mir. Nach den Examen muß man ins Dekanat und das **Зачётная книжка,** worin alle Noten vermerkt werden, abgeben. Am nächsten Tag erhält man es mit der Unterschrift des Dekans zurück. Unten auf der Seite steht: Der Student so und so ist in den zweiten Kurs versetzt. Außerdem bezieht jeder einen Urlaubsschein und diejenigen, die alle Prüfungen mit wenigsten 4 bestanden haben, einen Schein, der zum Empfang eines Stipendiums für die zwei Ferienmonate berechtigt. Die alles mit 5 bestanden haben, beziehen ein erhöhtes Stipendium. Im ersten Kurs betrug es 360 Rubel monatlich, da wir jetzt schon zum zweiten Kurs gehören beziehen wir um 400 Rubel herum. Das normale Stipendium für den zweiten Kurs beträgt 320 Rubel. Alle Bücher müssen während den Ferien abgegeben werden. Mit Schwesterherz muß ich ein wenig Englisch machen, für mich privat Chinesisch und Englisch. Hier ist olles regnerisches Wetter, ich habe immer noch kein Freibad genommen.

Lomonosov, 8. 7. 1951

Das Neuste auf dem Gebiet der Heimreise: Ende des Monats sollen wieder welche fahren, und dann sind nur noch ganz wenige hier, und diese müssen ja dann auch mal an die Reihe kommen. Du schreibst: es ist sengend heiß, es folgen Worte wie verschmachten, Erdbeeren, Badeanzug. Das ist für mich wie eine Beschreibung aus dem Innern Afrikas, zumindest jedoch wie aus den sonnigen Breiten Italiens oder Spaniens. Denn ich will Dir schildern, wie ich jetzt da sitze briefschreibenderweise an Dich: In eine Decke bin ich eingehüllt, sitze bei geschlossenem Fenster in meinem Zimmer, aus dem heraus ich den grauen, tristen Himmel beobachten kann. Es regnet, mal langsam, bald schnell und ab und zu gießt es. Damit die

Bevölkerung jedoch nicht den Mut verliert, schaut alle halbe Stunde mal rasch die Sonne hervor, das aber für höchstens 10 Minuten. Alles ist naß, baden gar nicht möglich, draußen zu sitzen kommt schon gar nicht in Frage. Pickwick club Seite S. 185. Gestern hat mich Schwesterherz zum Völkerball verlockt, jetzt habe ich einen entsetzlichen Muskelkater.

Lomonosov, 15. 7.1951

Ich sitze an meinem «Freilichtschreibtisch», der inmitten hoher Gräser steht, überhaupt ist die nahe Umgebung weniger gepflegt als wildromantisch. Aus dem Park tönen die schmetternden Weisen einer Militärkapelle (wenn auch mit großen Pausen dazwischen), von links, von hinter einem Bretterzaun herüber tönt Stimmengewirr der sich in bzw. aus dem Park ergießenden Erholungsschöpfenden, und von rechts das Gejohle, Gepfeife u.s.w. der Fußballfreunde. Vor dem Schloß ist nämlich ein Fußballplatz. Heute spielen «Brandung» gegen «Schiffbauer» (Gerade wird toll geschrieen). Heute war bei uns herrliches Wetter, ich war dreimal baden. Am Mittwoch war ich mit meiner Frau Mutter in Leningrad und habe sie mit den Sehenswürdigkeiten der Stadt bekannt gemacht. Wir waren unter anderem in der Isaakskathedrale, in der Peterpaulsfestung und im Sommergarten. Für einen Rubel pro Person sind wir auf einem kleinen Dampfer die Newa ein Stündchen entlang gefahren. Es war entsetzlich heiß in der Stadt, wir haben die Städter von ganzem Herzen bedauert und uns gefreut, als wir wieder im schönen Oranienbaum waren. Am kommenden Mittwoch wollen wir, d.h. noch zwei andere Spezialisten unserer Kolonie und Schwesterherz und ich nach Павловск[92], fahren, das eine oder zwei Bahnstationen hinter Puschkin liegt, wo wir schon vor zwei Jahren waren. Hoffentlich klappt alles. Meinen Muskelkater bin ich losgeworden, denn wir spielen heftig Völkerball, bis zu zwei Stunden. Pickwick club Seite 196. Charles Dickens ist mein Freund geworden, jeder Satz ist ein Labsal für die Seele.

Heute ist schon der 17.7. Gestern besuchte mich unerwartet mein Kommilitone Sascha, wir waren baden, waren im Park, ich habe ihm alle unsere Sehenswürdigkeiten hier gezeigt. Morgen geht es nun wirklich nach Павловск, wir fahren um 7^{35} los. Reisebericht in Kürze.

Lomonosov, 13. 7. 1952

Noch immer sind wir hier und wissen nichts Genaues. Wir hatten eine ganze Woche lang herrliches Sommerwetter, ich bin täglich dreimal baden gegangen. Lese eifrig den Copperfield, S. 419.

Lomonosov, 19. 7. 1952

Drei Wochen von den versprochenen acht Wochen bis zur Abreise sind nun schon wieder um still ruht der See. Ich jedoch war gestern in Leningrad und habe mir wieder russische Bücher gekauft (35 Bände), aber 10 wichtige Werke habe ich nicht auftreiben können, und ich hatte sie alle. Copperfield Seite 556. Wetter schlecht.

92   Pavlovsk, ehemalige Sommerresidenz der Zaren.

Lomonosov, 27. 7. 1952

Wir warten nach wie vor ohne genauen Bescheid. In gut vier Wochen beginnt das 5 Semester! Gib das Schreiben ja nicht auf! Ich habe heute den Copperfield ausgelesen. Ein schönes Buch, schade, nun muß ich all die mir so vertraut gewordenen Gestalten verlassen. Das Wetter ist seit 14 Tagen sehr schlecht, Regen, Regen, Regen. War heute im Kino: «Durch Indien», ein Dokumentarfilm.[93]

Lomonosov, 4. 8. 1952

Wir sitzen immer noch hier, es wird von der Abreise nicht mehr gesprochen, im September sagt man. Ich schicke Dir eine ganz knappe aber gute Vorlesung der russischen Literatur. Gelesen hat die zweite Hälfte Dozent Мандуйлов[94]: von Karamsin bis Belinski. Eine Woche herrliches Badewetter, ich fahre mit dem Autobus gegen 11 Uhr zu einem Stückchen Meeresstrand in der Nachbarschaft, vorher schreibe ich Vokabeln aus Copperfield heraus und lese Thackeray: Vanity fair, S. 162.

Lomonosov, 6. 8. 1952

Anbei schicke ich Dir wieder «Russische Literaturgeschichte» mit, lese nach wie vor «Vanity fair».

Lomonosov, 17. 8. 1952

Ja, man sagt, man rechnet, dass wir Ende August Bescheid bekommen und so Mitte September fahren! Oh, müsste das schön sein. Ich lese im zweiten Band «Vanity fair», S. 195, gefällt mir sehr gut: Habe von А. Толстой «Пётр Первый» und «Хождение по Мукам» wiedererstanden, man soll russische Bücher jetzt mitnehmen dürfen. Hier ist es jetzt schon herbstlich kühl, morgens 7 Grad plus.

Lomonosov, 24. 8. 1952

Wenn man doch manchmal in die Zukunft schauen könnte! Noch wissen wir nichts, die Lage wird immer unerträglicher – werden wir nun fahren? Meine Literaturschäfchen habe ich nun bald wieder beisammen und kann Dir somit die Blütenlese der russischen Literatur vorführen. Vanity fair habe ich durch, von Гоголь «Вий» (das ist der Chef der Gnome, eine Geschichte aus dem Band «Миргород»[95], der Ukrainisches enthält) gelesen, hat mir gar nicht gefallen. Es stürmt und regnet ab und zu, ein elendes Wetter.

Lomonosov, 31. 8. 1952

Hier in Rußland gibt es keine großangelegte Rattenbekämpfung, daher gibt es Ratten (mit dickem, langem, ekligem Schwanz) in rauhen Mengen. Wir haben schon 70 Stück gefangen. Eine Abends putze ich mir in der Bades gerade die Zähne und schaue zufällig in die Ecke des Badezimmers, da sitzt eine fette, dicke Ratte, ich habe sie mit einem Waschknüppel

---

93   Sowjetischer Dokumentarfilm, von L. Warlamow.
94   Nicht ermittelt.
95   *Vij* und *Mirgorod,* von Gogol.

umgebracht, denn die schleppen die Pest mit sich herum. Nun ist morgen der 1. September und ich muß wieder in die Universität. Zum Deubel, ob das hier nie ein Ende hat? Alle Hoffnungen werden hier auf die nächsten 7 Tage gesetzt. Oh, edle Hoffnung, werde doch endlich einmal wahr! Und nun noch das Wetter: eine Hunde- und Schweinekälte, ein Sauwetter, elender Regen, alles ist trist und ungemütlich. Ob ich Dir im nächsten Brief schreiben kann: es geht los! ??

Lomonosov, 7.9.1952

Immer noch nicht der letzte Brief. Die Woche ist nun um – still ruht der See. Aber: morgen oder übermorgen soll der Direktor aus Moskau zurückkommen, angeblich (vielleicht, eventuell) mit dem endgültigen Abfahrtstermin, na, wir hoffen wie stets und immer. Ein Assistent hat mir gestern erzählt, daß wir ein Experimentierkurs sind, man probiert Lehrmethoden an uns aus. Mir kommt das schon lange so vor und ich kann mir also zu meinem Scharfblick gratulieren. Wir haben jetzt 36 Wochenstunden Vorlesungen, zwei davon eine herrliche Vorlesung: Russische Literatur von Тургенев bis Чехов. Gelesen habe ich in der Zwischenzeit ein paar Erzählungen von Горький wunderbar. Die Bäume-Damen legen bereits ihre bunten Kleider an, aber oh weh, sie haben gar kein schönes Wetter zum ausgehen, es regnet, regnet, regnet und stürmt – Herbst!

Lomonosov, 16. 9. 1952

Laßt alle Hoffnung fahren! Abreise aufgeschoben, auf wie lange weiß kein Mensch. Wir ziehen den Nacken ein und warten und stellen uns sachte auf den Winter ein, ich passe mich an das laufende 5. Semester an. Unser Vorlesungsplan: Montag: Seminar: Neue chinesische Literatur; Übersetzung aus dem Russischen ins Chinesische (17–23 Uhr). Dienstag: Politische Ökonomie; Chinesische Grammatik; Textseminar Chinesisch (15–21 Uhr). Mittwoch: Der Schaffensweg des Lu Xun; Japanisch; Politische Ökonomie; Textseminar Chinesisch (15–21 Uhr); Donnerstag: Allgemeine Sprachwissenschaft (bis jetzt hat sich noch keiner gefunden, der liest); Chinesisches Seminar; Politische Ökonomie; (15–21 Uhr). Freitag: Geschichte der russischen Literatur (15–17 Uhr). Sonnabend: Seminar: neue chinesische Literatur; Japanisch (17–21 Uhr). Nach den Vorlesungen bis 21 Uhr bin ich um 22^{30} zu Hause, sonst um 1^{30} des neuen, jungen Tages. Wir haben uns ein Filmoskop gekauft mit dem man Filmstreifen an die Wand werfen kann. Filmstreifen zu allerlei Themen: Landschaften, Geschichte, Märchen ... wir haben einen ganzen Schwung erstanden, unter anderem auch über die Eremitage und Pavlovsk, wo wir doch vor einem Jahr waren.

Lomonosov, 5. 10. 1952

Ich habe mir vorgestern eine Bahnfahrkarte für 4 Monate gekauft. Heute haben wir die zweite Abreise zu Grabe getragen: Kisten und Kästen, die schon seit vorigem Jahr hoffnungsvoll erwartend in den Zimmern umherstanden, sind heute auf den Hängeboden zurück verstaut worden. Ich habe den Diafilm Puschkin (150 Bilder) übersetzt, Vater überträgt die

Sache in Druckschrift in ein Heft, dann haben die Eltern auch was davon. Jetzt habe ich den Riesenfilm über die Eremitage begonnen. Vater baut mir einen Buchphotographierapparat, damit ich mir die chinesischen Texte abphotographieren kann. Noch auf 130 Seiten Copperfield müssen die Vokabeln wie Kartoffeln auf dem Acker eingesammelt und zu Spiritus gebrannt werden, um dann als geistiges Reinprodukt in beliebigen Mengen bereit zu stehen. Wetterlage: Regen, Regenwolken, Regentropfen, Regenmäntel, Regenschirme, Regenwasser, Regenwetter.

Lomonosov, 12. 10. 1952

Gestern bin ich in ein Antiquariat geraten und konnte viele schöne Sachen erstehen, konnte dann aber fürs verbliebene Geld nur noch ein Drittel der mir aufgetragenen Buttermenge kaufen, ja, so geht's im Feuer der Gefechts. Sonnabend ziehe ich wieder hin, mit Liste, da sind noch wichtige Sachen zu haben.

Lomonosov, 26. 10 1952

Die Gottheit der Abreise straft uns Elende mit Verachtung. Wir warten, wir warten geduldig aber leidenschaftlich, wir werden immer warten, vielleicht wird es doch einmal. Jetzt muß jeder eine Kursarbeit schreiben. Ich will eine grammatikalische Textanalyse eines altchinesischen Textes machen. Ob das was wird? Hier wird nämlich kein Altchinesisch unterrichtet. Einen 2000 Jahre alten Text soll ich morgen bekommen. Offen gestanden, mir ist ein bißchen unheimlich zu Mute, aber es fängt wohl jeder einmal an.

Lomonosov, 2. 11. 1952

Wir kriegen in der Uni chinesische Texte in Loseblattform, die knipst Vater mir ab. Nun kann ich endlich wiederholen: Sonst mussten wir die Texte immer wieder abgeben, und im Vokabelheft bleiben allein die Wörter zurück. Hoch wallen wieder einmal die Fluten des Gerüchtemeeres: wir sollen fahren, gleich nach den Feiertagen hier. Es liegt bereits Schnee. So war es auch, als wir hier ankamen.

Lomonosov, 9.11. 1952

Es ist zur Zeit wieder ganz schlimm, alles tut so, als ginge es nun in den nächsten Tagen los, alles wartet, wartet und dann – dann ist gewöhnlich gar nichts, dann ist alles zerschlagen innerlich, alles ist trist und traurig und dennoch geben wir uns rückhaltlos jeder neuen Hoffnung hin – es ist doch auch so schön zu glauben: nun, nun geht es los und dann ... Draußen doller Schneematsch plus feiner Regen von oben, Grippewetter.

Lomonosov, 20 11. 1952

Zur Abfahrt: ganz still ruht der See, das Hoffnungsflämmchen aber brennt wie die Opferkerze vor dem Altarbild der Gottesmutter, sie brennt, es muß ja doch mal werden. Meinen altchinesischen Text habe ich nun bekommen. Heute hat Vater mir wieder Aufnahmen gemacht, nach einigen Verbesserungen geht es jetzt ganz prima. Heute war ich fleißig, für die ganze Woche Text übersetzt, Holz gesägt und gehackt und in der баня war ich auch.

Lomonosov, 1.12. 1952

Bist Du einverstanden, daß wir mit der Abreise anfangen? Ja, ja, der 19. 11. ist längst vorüber und wir sind immer noch hier: aber fama est, ach ist ja doch alles Quatsch. Aber: Mein Herr Vater hatte seinen Urlaub noch nicht genommen für dieses Jahr, er wollte ihn zu Weihnachten nehmen. Da hieß es: Sie müssen ihn jetzt sofort nehmen, denn zu Weihnachten sind sie nicht mehr hier (Ha, ha, voriges Jahr war es genau so). Der Urlaub ist nun rum, der Direktor ist wieder mal in Moskau, soll morgen kommen, soll unseretwegen da gewesen sein!! So, wie gesagt, in 24 Tagen, so das Märchen. Laß uns große Kinder sein und daran glauben, vielleicht bringt Knecht Ruprecht die Abfahrtskarten?? Hier sind 9 Grad Kälte.

Lomonosov, 11. 12. 1952

Für uns soll es das siebente Fest fern von daheim werden, aber laß nur, wir hoffen, wir hoffen, wir sollen ja noch in diesem Jahr fort, das wäre spätestens in 20 Tagen!! Dieses Märchen gaukelt uns so richtig die Weihnacht vor, wir freuen uns im Stillen, wir hoffen, dass es wahr wird, das Märchen, und wenn der Brief dann bei Dir ist, dann nur noch 6 oder 7 Tage, aber ach es wird ja doch nicht.

Lomonosov, 14. 12. 1952

Ich lüfte nun gleich den Gerüchtekastendeckel: so ... so... oha, schon ist uns die erste fette Ente entschlüpft, sieh nur da fliegt sie: am 17. 12. 1952 soll der Abfahrtsbefehl bekannt gegeben werden, also in drei Tagen, am Mittwoch, am 24. 12. sollen wir fahren, fahren. Wahrlich ein schönes, fettes Ententier! Und alles glaubt daran, denn vielleicht ... rum, zu den Deckel!

Lomonosov, 28. 12. 1952

Ich habe am Mittwoch, den 24., einfach geschwänzt, wir haben unseren Weihnachtsbaum festlich im Lichterglanz erstrahlen lassen – und jeder hing still seinen Gedanken nach. So ist nun auch das 7. Weihnachten herum, ob es das letzte hier war? Still, ganz still ruht der See, unsere Hoffnung ist erstarrt und ruht unter der Schneedecke der Enttäuschungen, die sich so im Laufe der letzten Jahre auf unsere Gemüter gelegt hat. Ich stehe jetzt im Zeichen der Erwartung der sich nähernden Examinations-ereignisse: am 5.1.1953 Prüfung in Japanisch, ein Schauprozeß des Wissens, wir pauken 3 Lesestücke ein und rasseln sie ab, allerdings auch noch schriftliche Übersetzung eines unbekannten Textes, na viel Spaß, auf zum fröhlichen Jagen, und am 9. 1. dann Chinesisch. Gottlob, das soll schon alles sein. зачёts habe ich schon alle beieinander: Vorlesung und Lu Xun-Seminar; Politökonomie (l. Bd. «Kapital» von Marx) und Englisch. Ich pauke nun heftig Japanisch. Vorgestern erstand ich auf dem Bahnhof einen Band Novellen, Skizzen und Erinnerungen von Гончаров [Gončarov]. Vorgestern hatten wir die letzte Vorlesung über russische Literatur. Von Достоевский habe ich nur ein Buch in Russisch, ich kann ihn auch antiquarisch nicht erwischen. Wir warten, wir warten.

Lomonosov, 10. 1. 1953

Gestern war letzter Prüfungstag: Chinesisch habe ich nur eine 4 bekommen, aber eigentlich bin ich schon gar nicht mehr hier, alles wartet, wartet auf die Abreise. Zur Zeit steht das Stimmungsbarometer wieder ganz hoch, es herrscht atmosphärischer Spannungshochdruck: der Direktor soll gesagt haben: die Abreise soll nun demnächst erfolgen! Zur Zeit ist er in Moskau. Man erwartet ihn Mittwoch – Donnerstag zurück, ob er da wohl den Befehl mitbringt! (Er war schon so oft in Moskau, kam aber jedesmal mit leeren Händen zurück – so denkt der Pessimist). Zurück zu den Examina: am 5.1. hatten wir Japanisch, auch nur eine 4, nun, wo nichts ist, hat der Kaiser sein Recht verloren, ich habe wahrhaftig nicht mehr verdient. Der Oberkiefer tat mir weh, als ich gegen Abend nach Hause kam, hatte ich 38,5 Fieber, ich marschierte ab ins Bett und bekam ein Heizkissen auf die Nase. So lag ich ganze drei Tage, hatte keine Lust was zu tun, stand gestern wieder auf – gesund und heiter und legte die Chinesischprüfung ab. Nun ist frei, ich habe keine Lust, meine Kursarbeit zu beginnen, da wir doch fahren sollen. Gestern habe ich im Antiquariat endlich etwas von Dostojevski bekommen: Ausgewählte Werke, 15 Rubel, nun lese ich darin «Бедные люди». Ich habe kurz zuvor eine wunderbare Vorlesung darüber gehört, und bin demzufolge sehr vertraut mit dem Stoff.

Lomonosov, 17. 1. 1953

Ich bin immer noch bei den «Бедные люди». Siehst Du, nun hat mich Dein Brief doch noch erreicht, demzufolge sind wir immer noch hier, der Direktor ist längst zurück, natürlich ohne irgendwelchen Bescheid, es ist zum Heulen. Dazu das Wetter, es taut, es vergeht ein Jahr nach dem anderen, ich möchte nach Hause. Nun muß ich doch die Übersetzung des altchinesischen Textes anfangen, und ich gehe so widerwillig heran. Bis Anfang Februar haben wir noch Ferien, ob ich wieder hin muß? Dieser Tage lief mir ein englisches Sprichwort über den Weg: «If it were not for hope, the heart would break», so entsetzlich wahr, ganz unser Fall. Heute hat mir Vater die Übungsstücke aus dem Gabelentz[96] abphotographiert, den habe ich nun durchstudiert. Leider ist sein großes Werk nicht einmal in der großen Leningrader Bibliothek. Du siehst, ich muß einfach nach Hause.

Lomonosov, 25. 1. 19 53

Ich habe nun doch vorsichtshalber meine Übersetzung angefangen. Zu übersetzen sind 6 Seiten + 4 Zeilen. 2 Seiten habe ich nun bearbeitet, oft ist mir dunkel der Sinn, aber Spaß macht es schon.

Es gehen wieder Gerüchte (aber glaube nicht daran, uns aber macht es das Hoffen so leicht): in 7 bis etwa 14 Tagen soll es vielleicht, eventuell, unter Umständen u.s.w. losgehen, denn es soll einer der Direktoren gesagt haben, daß..., und bei uns hier werden die Kisten schon gebaut, die wir zum Verpacken bestellt haben, und die müssen in 14 Tagen fertig sein u.s.w. Ich kann Dir sagen, das Spiel ist auf die Dauer nervenzerreißend – Spannung, Sensation, Zirkus, Rummel, aber es könnte vielleicht doch sein?! Und das

96 Georg von der Gabelentz: *Chinesische Grammatik.*

nimmt die Lust, noch dies oder jenes zu machen, es lohnt ja nicht mehr und am Ende, wie sieht es aus? Lauter Enten! Lache Bajazzo! Wir haben zur Zeit 20 Grad Kälte, das Barometer steigt, der Himmel ist blau, die Sonne scheint und macht aus unserem Park einen Märchenwald – die Bäume bereift – herrlich die Natur und sie tröstet so.

Lomonosov, 8. 2. 1953

Morgen nun, am Montag, geht der Betrieb wieder los, ich brauche nicht erst auszuziehen, um das Gruseln zu lernen, ich weiß, was Gruseln ist. Wenn du wüßtest, wie schön ich diese 4 freien Wochen gearbeitet habe. Aber laß nur, der Kommandant hat mir nur für einen Monat eine Bahnbescheinigung ausgestellt, sonst immer für vier Monate, vielleicht... Och, wäre das Leben unerträglich ohne Hoffnung!

Lomonosov, 9. 2. 1953

9. Februar, 1953! Ein denkwürdiges Datum, bei allen Göttern! Heute gegen 19 Uhr flog die Nachricht durch die Kolonie: «Der Befehl ist da!!! Am 16. 2., also schon in einer Woche, soll gefahren werden!!!!» Morgen ist für Vater der letzte Arbeitstag, ich habe soeben mein Gesuch getippt mit der Bitte, mich an die Berliner Universität zu überweisen, morgen schon bin ich nicht mehr Student der Leningrader Universität, es ist so weit!!! Morgen beginnt das große Packen. Es ist nur sehr schwer faßbar, endlich soll unser Traum wahr werden? Wer wird nun eher da sein, dieser mein letzter Brief aus Rußland oder ich persönlich? Du, den letzten Brief von hier an Dich, hebe ihn gut auf, er schließt die lange, lange Kette, die uns das siebente Jahr verbindet! Es geschehen Zeichen und Wunder, das letzte Wort auf Papier an Dich gerichtet ist.
Dein Johannes

Erinnerungen: wieder daheim

Am 16. Februar 1953 nahmen wir nun Abschied von Lomonosov, aber nicht alle Familien waren bei der Abfahrt mit im Zuge, einige mussten noch länger bleiben, z. B. Herr von Löwis, Familie Sedler, Fräulein Jäschke, Herr und Frau Martin, Herr Simmel und Frau, ihre Tochter Anita fuhr allein nach Hause. In Brest-Litovsk hatten wir noch bange Minuten zu überstehen, denn es musste ein Spezialist zurück, war unser Vater dabei? Nein! Gott sei Dank! Weiter ging es nach Frankfurt an der Oder, wo die Heimkehrer für ein paar Tage untergebracht wurden, bis unsere Familie schließlich am 28. Februar in Erkner von der langen, langen Reise zurück war. Ich war entsetzt: Wie sah unser Grundstück aus! Kein Zaun mehr, im Garten parkten die Autos der Wassersportler (nebenan war eine Boots-werft), unser Sommerhäuschen sah aus wie eine schäbige Hundehütte, die Zimmer des Hauses zerwohnt, ich war sprachlos. Vater aber klopfte mir auf die Schulter, laß man, das ändern wir. Ein Bauer pflügte mit zwei Pferden das verwilderte Land um, Handwerker verliehen dem Sommerhäuschen wieder ein ordentliches Aussehen, das Haus wurde wieder bewohnbar gemacht, ein Zaun bereitete den Abschneidern (den Wegen über unser Grundstück) und dem Parkplatz ein rasches Ende, der Pfarrer, der um eine Spende für seine Kirche anhielt, wurde gefragt, ob er wohl etwas für Vaters Eltern und also meine Großeltern während unserer Abwesenheit getan hätte. Er hatte es nicht. Noch am selben Abend zog ich mit einem großen, herrlich blühenden Azaleen Topf in den Eichelgarten 25 zu meiner Briefpartnerin Christa Umbreit, die 6 Jahre lang die Verbindung zu mir nicht hatte abreißen lassen und die am 11. Juli 1953 meine Frau wurde, dem Tag, an dem ich das große Lebenslos gezogen habe. In unserer Hochzeitszeitung hat meine Schwägerin die Ankunft so beschrieben: «da klingelt's draußen an der Tür – Johannes steht auf einmal hier – mit einem großen Blumentopf und einem großen Lockenkopf. Wir kamen alle nach der Reihe ins Zimmer, wo er stand der Neue.» Hier in Deutschland, Ende Februar, Anfang März lagen zur Morgenstunde die Temperaturen um Null bis minus 2, 3 Grad und ich war in Turnhose und Hemd tätig bei der Sache, Sträucher und Gestrüpp zu roden und wunderte mich, wenn Passanten in Mänteln und Handschuhen vorbei gingen und mich anstarrten. Wir hatten jeden Morgen 28 Grad minus und mir war warm. Als wir uns dann einigermaßen eingerichtet hatten, zog ich nach Berlin, um mich an der Humboldt-Universität anzumelden. Lehrstuhlinhaber im Institut für Chinakunde (wie es zu der Zeit hieß) war Herr Professor Erkes[97] aus Leipzig. Er sagte mir, dass demnächst Herr Professor Ratchnevsky (s. Anhang, Nr. 12) den Lehrstuhl in Berlin übernehmen würde und bat mich, mit diesem über meine Einstufung zu verhandeln, was auch geschah in der Form, dass ich in zwei Jahren das Staatsexamen ablegen sollte. Inzwischen rückte der 11. Juli näher, Aufgebot und alles drum und dran waren organisiert, ich hatte die Genehmigung vom Chef erhalten, ein in der

---

97   Eduard Erkes (1891–1958), Professor für Sinologie in Leipzig.

Staatsbibliothek abzuleistendes Praktikum um 4 Wochen verschieben zu dürfen, als ich ins Dekanat zum Herrn Dekan Professor Walter Ruben, Indologe, bestellt wurde, der mir eröffnete, er würde die Verschiebung des Praktikums nicht genehmigen. Ich war erstaunt und wandte ein, daß Aufgebot und Gäste bestellt seien und ich doch die Erlaubnis vom Institutsdirektor erhalten hätte. Und dann sagte er, selbst wenn Ihre Frau ein Kind erwartet, das wäre heutzutage kein Grund mehr. Das fand ich unverschämt, habe aber nichts gesagt und nur erwidert, daß dies nicht der Fall sei. Ich bekam die Genehmigung nicht, aber mir standen laut Gesetz der DDR drei Tage zum Hochzeiten zu, und wir heirateten am 11. Juli und waren nach drei Tagen wieder im Dienst.

Meine Frau kannte Herrn Ruben nebenbei gesagt auch. In einem Brief nach der Wende schreibt sie an Herrn Professor Henne[98] (Technische Universität Carola Wilhelmina zu Braunschweig, Seminar für Deutsche Sprache und Literatur): «Der Aufsatz von Wolfgang Tierse[99] war natürlich auch interessant für mich. Es berührt so seltsam, wenn man in versachlichter sprachwissenschaftlicher Betrachtung liest, was man 40 Jahre lang täglich erlebt und erlitten hat. Ich erinnere mich so gut an das plötzliche Verstummen der Gespräche, wenn ein Fremder unsere Arbeitsräume betrat, das Lauschen auf jede Wendung, die etwas von der Gesinnung des anderen offen legen könnte, woraus man entnehmen könnte, ob er anständig ist oder ein 150 prozentiger Genosse, oder ob er so dazwischen steht, auf zwei Schultern trägt, jedem zumunde redet als Opportunist. Ein Beispiel für das geschmacklose Pathos der Parteisprache habe ich selbst mit Grauen erlebt. Bei der Verabschiedung unseres Studienjahres 1952 hielt der Dekan Professor Dr. Walter Ruben[100] (Indologe) die Ansprache. Nachdem er bedauert hatte, dass unser Jahrgang noch nicht so vollständig im Sinne der marxistischen Ideologie unterrichtet werden konnte, so daß unsere «bürgerliche» Ausbildung der neuen sozialistischen unterlegen sein müsse, gab er uns für unseren zukünftigen Lebensweg noch folgende Mahnung mit: Sagen Sie sich immer bei allem, was Sie auch denken und tun, Stalin sieht es! Ich traute meinen Ohren nicht! Noch trauriger war die Erfahrung meines Mannes mit seiner sinologischen Doktorarbeit. Wie ist es doch wunderbar, dass wir nun, wenn auch spät, die sprachliche Zwangsjacke ablegen konnten. Und wie herrlich, dass auch die Gefängnismauer für die Korrespondenz gefallen ist, dass ich solch einen Brief von Erkner nach Wolfenbüttel hinüber schicken kann!» Ich brauche wohl nicht extra darauf hinzuweisen, dass wir beide sofort begonnen haben, uns ernsthaft mit der russischen Sprache zu befassen, ich als Fortgeschrittener, meine Frau als Anfänger, und dass wir bis zuletzt immer die russische Literatur gelesen haben. Ich war nun also Student an der Uni

98   Helmut Henne (1936–2021), Germanist, 1971–2001 Professor für Germanistische Linguistik an der TU Braunschweig.
99   Wohl Wolfgang Thierse (1943–), Germanist und Politiker.
100   Walter Ruben (1899–1982), Indologe, emigrierte in die Türkei, ging 1950 in die DDR und wurde Professor an der Humboldt-Universität; 1962–1965 war er Direktor des Instituts für Orientforschung der Akademie der Wissenschaften. Vgl. Ruben, Walter. In: *Lexikon deutsch-jüdischer Autoren.* Band 18: *Phil–Samu.* Hrsg. vom Archiv Bibliographia Judaica. De Gruyter, Berlin u. a. 2010, S. 407–413.

Berlin Ost, und eines Tages fragte mich Herr Professor Ratchnevsky[101]: Sind Sie Herr Dill? Ja, habe ich gesagt, und er hat freundlich mit dem Kopf genickt. Nach einigen Monaten bat er mich ins Dozentenzimmer und fragte mich, ob ich Assistent bei ihm werden wolle. Auf meine erschrockene Erwiderung, dass ich doch selbst noch Student bin, sagte er nur wollen Sie oder wollen Sie nicht? So wurde ich am 1. Oktober 1954 Zweidrittelassistent mit Zweidrittelbezügen. Er hat mir später erzählt, daß ihn Herr Ruben aufmerksam gemacht hat, daß er da einen Studenten habe, der immer als Eigenbrödler in der Bibliothek sitzt und nicht am gesellschaftlichen Leben großen Anteil nimmt. Herr Professor Ratchnevsky gehörte dem russischen Adel an, sein Vater war General. Und nun noch solch einen Assistenten. Zum richtigen Verständnis der Lage muß darauf hingewiesen werden, daß die Leitung des Instituts in den Händen eines Nichtparteigenossen lag, der nun einen Assistenten hatte, der auch kein Genosse war, was, wenn möglich, baldmöglichst zu ändern war. Eines Tages kam ein chinesischer Gastprofessor, Herr Professor Qi ans Institut, er sprach nur Englisch, und ich musste dafür sorgen, dass er für seine Vorlesung immer die von ihm präparierten Ausarbeitungen als Ormigabzüge bekam. Eines Tages nun war der Vervielfältigungsapparat entzwei, und als ich ihm dies vermeldete, fuhr er mich an: *I have never seen such a rotten institute as this!* Ich habe ihm darauf ruhig erwidert, dass, wo Herr Professor Ratchnevsky Lehrstuhlinhaber ist und meine Wenigkeit geschäftsführender Assistent, von *rotten* nicht die Rede sein könne. Ob dieser stolzen Antwort wurde ich ins Staatssekretariat für Hochschulwesen beordert, wo mir eröffnet wurde, dass ich arrogant, unverschämt und frech mich betragen hätte und dass ich nun entlassen werde. In der Amtssprache des Staats Sekretariats war die Sache in einem Aktenvermerk so formuliert: «Am 16.3. 1955 fand im Staatssekretariat eine Aussprache mit dem Koll. Dill statt. D. hatte Prof. Tji gegenüber eine sehr zurückgezogene Haltung eingenommen und ihn bei der Herstellung von Vorlesungen nur wenig unterstützt. Bei dieser Unterredung wurde festgestellt, dass Koll. D. nicht organisiert ist und daher nur schwer Verständnis für politisch organisierte, materialistisch denkende Menschen aufbringt.»

Da stand ich nun auf dem Flur und habe mir klar gemacht, dass meine wissenschaftliche Laufbahn also nicht lange gedauert hat. Mitverhandelt hat diesen Fall Frau Dr. Friedhilde Krause[102], zuständige Vertreterin des Staatssekretariats für Hochschulwesen für unser Institut, und als sie mich da so stehen sah, hat sie gesagt, na wir werden schon sehen. Mein Professor wohnte zu dieser Zeit noch in Leipzig und kam nur für zwei Tage nach Berlin, und als er kam, wurde auch er einbestellt und aufgefordert, einen anderen Assistenten zu nehmen. Das hat er nicht getan, ich blieb im Amt. Nach Abschluß meines Studiums wurde ich dann ab 1.

101   Paul Ratchnevsky (1899–1991), Mongolist und Sinologe, studierte in Berlin und Paris; 1953–1964 Professur an der Humboldt-Universität.
102   Friedhilde Krause (1928–2014), Slawistin und Bibliothekarin. Sie wurde 1953 Oberreferentin im Staatssekretariat für Hoch- und Fachschulwesen, 1958 wissenschaftliche Mitarbeiterin der Deutschen Staatsbibliothek, 1960 stellvertretende Generaldirektorin, und 1977–1988 Generaldirektorin. Vgl. Gabriella Schubert: In memoriam Friedhilde Krause. *Zeitschrift für Balkanologie* 51 (2015), S. 293 ff.

Juli 1956 als Vollassistent übernommen, in der Amtssprache der Kaderabteilung der Humboldt-Universität: «Da Sie lt. Antrag des Institutsdirektors, Herrn Prof. Dr. Ratchnevsky, Ihre Tätigkeit als wissenschaftl. Assistent zur vollen Befriedigung ausüben, erhalten sie ab 1. Juli 1956 Ihre vollen Bezüge als wissenschaftl. Assistent, und zwar ... insgesamt 700 (siebenhundert Deutsche Mark)». 1958 war es dann so weit: geeignete Parteikader übernahmen an ostdeutschen Universitäten die führenden Positionen. Am 17.4.1958 wurde Herr Professor Ratchnevsky von den Pflichten als Direktor des Ostasiatischen Instituts entbunden, an seine Stelle trat der Parteigenosse Dr. Siegfried Behrsing[103]. Schwerpunktlegung wurde nun im Zuge der sozialistischen Umgestaltung des Instituts die politische Erziehung der Studenten. Da stand ich nun im Regen, bis ich endlich am 1.1. 1961 am Institut für Orientforschung der Deutschen Akademie der Wissenschaften zu Berlin als wissenschaftlicher Assistent übernommen wurde. Zu diesem Zweck stellte mir mein Professor eine Beurteilung aus, aber auch der neue Institutsdirektor, Professor Behrsing, sah sich veranlasst, meine Person und Tätigkeit zu beurteilen, (s. Anhang Nr. 23–24)

Professor Ratchnevsky hatte in der Akademie der Wissenschaften eine Arbeitsstelle zu Untersuchungen zur Geschichte der Mongolenzeit einrichten können. Institutsdirektor war Herr Professor Grapow[104], ein Ägyptologe, bis nach kurzer Zeit auch hier ein gestandenes Partei- und Akademiemitglied, Herr Professor Walter Ruben, die Leitung übernahm. Das warf für mich dunkle Schatten voraus. Neben meiner Arbeit am Institut schrieb ich an meiner Dissertation, die den Titel tragen sollte *Untersuchungen zu Charakter und Struktur der gegen die «öffentliche Ordnung» verstoßenden Bewegungen des Zeitraums 1–33 u. Z. in China.* 1965 reichte ich die Arbeit ein und am 17.12. startete die öffentliche Verteidigung in einem geräumigen Saal des Hauptgebäudes der Universität. Zu meiner nicht geringen Verwunderung saßen auch Herr Professor Ruben (Indologie) und Herr Professor Junker[105] (Koreanistik) unter den Zuhörern. In meinem Vortrag legte ich die von mir angewandte Methode der Untersuchung dar, ich sprach zum Stand der Forschung auf diesem Gebiet und über die sich aus der Arbeit ergebenden Resultate. Den Vorsitz führte Herr Professor Ratchnevsky, zweiter Gutachter war Professor Behrsing, die Arbeit war von den Gutachtern mit summa cum laude und magna cum laude beurteilt worden. Die an mich gestellten Fragen wurden von mir beantwortet, bis sich Herr Professor Ruben erhob und sagte, er verstünde von der Sache nichts, er habe die Arbeit auch nicht gelesen, er

103 Siegfried Behrsing (1903–1994), Ethnologe, Buddhologe, Sinologe, ab 1959 Professor an der Humboldt-Universität und Direktor des Ostasiatischen Instituts. Seine Verdienste scheinen mehr auf der Übersetzung estnischer und russischer Literatur zu liegen.

104 Hermann Grapow (1885–1967), 1938 Ordinarius für Ägyptologie in Berlin. 1947 war er Mitgründer des Instituts für Orientforschung, 1956 dessen Direktor.

105 Heinrich Junker (1889–1970), Linguist und Iranist, Professor in Hamburg und Leipzig. Er wurde wegen NS-Verstrickung aus der Sächsischen Akademie der Wissenschaften ausgeschlossen; er wurde 1951 Professor für Iranistik an der Humboldt-Universität. 1959 wurde er auch stellv. Direktor des Ostasiatischen Instituts und übernahm die Leitung der koreanischen Abteilung der Humboldt-Universität. Vgl. Werner Sundermann: Junker, Heinrich Franz Josef. In: *Encyclopædia Iranica.* (online).

werde sie auch nicht lesen und er wolle sie auch nicht lesen, er hätte auch weder den Thesen, noch dem Vortrag (s. Anhang Nr.1) noch irgendeinem meiner Worte etwas entnehmen können, er kenne aber den Doktoranden seit 13 Jahren [wie wahr!] und wolle die Frage stellen, ob solch ein Kandidat an der Humboldt-Universität überhaupt promovieren könne. Und nun die Begründung: keine Teilnahme an den 1. Mai Demonstrationen, ängstliche Bemühung, Ausdrücke wie Ausbeutung, Unterjochung, Klassenfeind usw. zu vermeiden, Fehlen der Parteilichkeit in meiner Arbeit. Professor Ratchnevsky legte daraufhin den Vorsitz nieder und erklärte, daß hier mit zweierlei Maß gemessen werde. Nach 4 Stunden zog man sich zur Beratung zurück, um schließlich zu verkünden, dass die Verteidigung ein andermal fortgesetzt werden müsse, da viele Probleme nicht zu Ende hätten diskutiert werden können (s. Anhang Nr.12). Das waren traurige Weihnachten zu Hause, meine Frau hat sich unermüdlich bemüht, mich auf die Beine zu bringen, und eines Tages hat sie mir Goethes Divanvers 87 aus dem Buch des Unmuts auf den Tisch gelegt:

Über's Niederträchtige
Niemand sich beklage;
Denn es ist das Mächtige,
Was man dir auch sage.

In dem Schlechten waltet es
Sich zu Hochgewinne,
Und mit Rechtem schaltet es
Ganz nach seinem Sinne.

Wandrer! – Gegen solche Noth
Wolltest du dich sträuben?
Wirbelwind und trockenen Koth
Laß sie drehn und stäuben.

Ich habe mich dann aufgerappelt, habe meinen wissenschaftlichen Apparat auf den Kleiderschrank gestellt, ins Institut für Orientforschung bin ich nicht mehr gegangen, dort hatte man auf einer Institutsversammlung meine Arbeit als «bürgerlich-idealistisch» gebrandmarkt und alle aufgefordert, der Fortsetzung der Verteidigung beizuwohnen, um den Kampf der verschiedenen Schulen beobachten zu können. Im Mittelalter hätte mich Herr Ruben als Großinquisitor dem Scheiterhaufen überantwortet. Mein Gott, wie viel Geschrei um wenig Wolle! Ich bin dann in die Universitätsbuchhandlung gegangen und habe uns für 100 DM einen Bildband gekauft *Les jardins du monde*[106], ein Importbuch aus dem Westen, dass den Grundstein zu unserer Sammlung «Architektur und Landschaft» gelegt hat. Ich habe mich in den Orientlesesaal gesetzt und gelesen, und dort hat mir Herr Professor Ratchnevsky erzählt, dass man meine Entlassung betreibt. Ja, da war es nun wieder einmal so weit, nach Ben Akiba ist ja alles schon einmal dagewesen. Das habe ich gesprächsweise einer meiner ehemaligen Schülerinnen, Frau Helga Keller, erzählt, worauf hin sie sagte, Sie, hier

---

106 Vermutlich: Peter Coats: *Jardins du monde*. Paris: Arthaud 1964. 287 S.

über uns ist eine neue Dienststelle eingerichtet worden, die suchen einen wissenschaftlichen Mitarbeiter. Auf meinen Einwand, dass dort doch nur Parteigenossen arbeiten würden und ich ... Nein, hat sie gerufen, ich habe mit dem Direktor zusammen studiert, ein ganz wunderbarer, ehrlicher Mensch, versuchen Sie es doch einfach. Na gut, ich bin hinauf gegangen und habe mich vorgestellt bei dem Direktor der Zentralen Leitung für gesellschaftswissenschaftliche Information und Dokumentation, Herrn Ernst Wirkner[107]. Seine erste Frage war: Wie stehen Sie zur Partei? (die Gretchenfrage also: sag Heinrich, wie hältst Du's mit der Religion?). Die Frage will ich Ihnen beantworten, sagte ich, für mich ist die Partei ein Ringverein. Er war schockiert, und nachdem ich ihm meine Abenteuer am Ostasiatischen Institut und am Institut für Orientforschung erzählt hatte, sagte er, kommen Sie in einer Woche wieder, dann sage ich Ihnen, ob ich Sie einstelle. Ich kam, und er sagte mir freundlich, ich werde eingestellt. Nun war die Reihe des Unverständnisses an mir, ich wandte ein, er habe eine falsche Kaderakte vorgelegt bekommen. Nein, sagte er, es war die Ihrige, Sie haben keine Freunde dort, aber solch einen Mitarbeiter habe ich gesucht. So wurde ich am 23.2.1966 wissenschaftlicher Sekretär der neuen Arbeitsstelle. Nun war Herr Wirkner unermüdlich tätig, mein Promotionsverfahren zu einem Abschluß zu bringen. Er verhandelte mit dem Ostasiatischen Institut, mit dem Staatssekretariat für Hochschulwesen, mit der Abteilung Wissenschaft des ZK (s. hierzu die Aktennotizen in der Anlage Nr. 4–6). Am 20.6.1966 wurde ich «Zur Klärung einiger mit der Fortsetzung meines Promotionsverfahrens zusammenhängenden Fragen» ins Ostasiatische Institut vorgeladen, die Aktennotiz vom 12.6. hält den Verlauf der Verhandlung fest (s. Anlage Nr. 3). Und schließlich wurde am 2.11.1966 zur Fortsetzung der Verteidigung in einem kleinen Raum des Ostasiatischen Instituts eingeladen. Alle Kollegen der Zentralen Leitung folgten dieser Einladung, sehr zu meinem Glück, wie sich bald zeigen sollte. Ich hielt erneut einen kurzen Vortrag (s. Anlage Nr. 8) und auch Herr Professor Ruben (Akademiemitglied!) stand erneut auf und sagte wieder, er habe die Arbeit nicht gelesen, er werde sie auch nicht lesen und er wolle sie auch nicht lesen, er stelle aber erneut die Frage, ob solch ein Mensch an der Humboldt-Universität promovieren könne. Stille im Saal. Da erhob sich der Parteisekretär unserer Arbeitsstelle, Günter Herting, und sagte, aber ich habe die Arbeit gelesen, Genosse Professor, und habe interessante Vergleiche zur deutschen Arbeiterbewegung feststellen können. In dem Moment schaute ich gebannt auf die Ohren von Herrn Professor Ruben, aber Gott sei Dank, sie hingen nicht herunter und waren auch nicht abgefallen. Nun zog man sich erneut zur Beratung zurück, an der nun auch mein neuer Direktor, Herr Wirkner teilnahm, was man ihm zunächst verweigern wollte. Schließlich kehrte man von der Beratung zurück und erklärte die Verteidigung für noch gelungen. Herr Ruben gratulierte mir sogar, was wir beide wohl gedacht haben in diesem Augenblick? Nun galt es die letzte Hürde zu nehmen, die Philoso-

107   Ernst Wirkner 31.3.1927–14.2.2020 Klosterfelde, Todesanzeige in der *Märkischen Oderzeitung*. 29.2.2020.

phieprüfung in Marxismus. Herr Professor Behrsing hatte den Vorschlag gemacht, dem Prüfer den Wink zu geben, mich bei dieser Prüfung durchfallen zu lassen (s. Anlage Nr. 5), aber auch hier hat Herr Wirkner eingegriffen und vorher mit dem Prüfer gesprochen und ihn gewarnt. Ich hatte einen angenehmen Prüfungsverlauf. Wie Martin Luther in Worms, so konnte auch ich nun rufen: Ich bin hindurch! Nachdem Herr Behrsing dann die Zensur von magna cum laude auf rite (genügend) und schließlich auf cum laude wieder angehoben hatte, erhielt ich am 16. Januar 1967 auf der Fakultätsratssitzung eine Karte DIN A 6 ausgehändigt, auf der vermerkt stand, dass ich zum Doktor der Philosophie promoviert worden sei (s. Anhang Nr. 9). Nun noch der Abgesang: Man erklärte mir, ich würde mein gedrucktes Diplom erst dann erhalten, wenn ich in der Zeitschrift der Humboldt-Universität eine Erklärung über meine Weltanschauung abgeben würde, was ich natürlich nicht getan habe, mit der Begründung, die DIN A 6 Karte würde mir als Legitimation genügen. Und als mich nach zwei weiteren Jahren ein Telefonanruf irgendeines Sekretariats in unserer Dienststelle erreichte, dass man jetzt umziehe und hier immer noch mein Diplom liegen würde, bin ich hingegangen und habe mein Diplom ausgehändigt bekommen (s. Anhang Nr. 13). Shakespeare: All's well that ends well! Am 31.1.1967 erhielt ich von Herrn Professor Ratchnevsky ein Schreiben, in dem er seine Freude zum Ausdruck bringt, dass nun alles überstanden sei (s. Anhang Nr. 10) und ich schrieb einen Brief an Herrn Professor Hoffmann (Lehrstuhlinhaber in Bochum), der mich eingeladen hatte, einen Vortrag in seinem Institut über meine Arbeit zu halten (s. Anlage Nr. 11). 1994 erschien in der Zeitschrift «asien afrika latein-amerika» vol. 22 pp. 595–617 der inhaltsreiche und lesenswerte Aufsatz von Herrn Udo B. Barkmann «Erinnerungen an den Nestor der ostdeutschen Mongolistik P. Ratchnevsky», wo auf den Seiten 606–607 auch von meinem Promotionsverfahren die Rede ist (s. Anlage, Nr. 12), und last but not least sei auf eine Stasi-Akte vom 13.1.1981 hingewiesen, die mir der Japanische Professor Eiichi YASUI zugesandt hat, in der der «Helfer» Andreas Leverkühn über ihn herzieht. Schauplatz der Handlung ist das Ostasiatische Institut, und da in diesem Institut auch Herr Professor Ratchnevsky und ich gearbeitet haben, ist natürlich auch von uns die Rede (s. Anlage Nr. 15) In diesem Bericht ist mein Vater Physiker/Chemiker [er war Chefkonstrukteur]. Ich selbst figuriere in diesem Bericht als Leiter der Afrika-Asienabteilung in der Bibliothek der Humboldt-Universität. Nun hat es aber in der Universitätsbibliothek gar keine Afrika-Asienabteilung gegeben, und einen Leiter derselben also auch nicht und schon gar nicht einen, der ein reaktionärer Halunke ist, und wo wir antisowjetisch aufgetreten sein sollen, weiß wohl selbst der Helfer Andreas Leverkühn nicht zu sagen. Und auch die wiederholt harten politischen Auseinandersetzungen haben den gleichen Realitäts- und Wahrheitsgrad wie die Afrika Asien-Abteilung der Universitäts-Bibliothek und deren Direktor, es gab sie nur in der Phantasie des Spitzelhelfers Leverkühn. Und wer ist nun dieser «Andreas Leverkühn»? Der Klarname dieses inoffiziellen Mitarbeiters ist Dr. Ralf-Dietrich Jung, ein Indologe und Assistent und enger Vertrauter von Herrn Professor Akademiemitglied Walter Ruben. (s.

Anlage Nr. 16). Mir kommt da immer die Spruchweisheit des Volkes in den Sinn: Wie der Herre, so das G'scherre, Gleich zu Gleich gesellt sich gern, Der Apfel fällt nicht weit vom Stamm, Sage mir mit wem du umgehst, und ich sage dir wer du bist und dergleichen mehr. 1970 bot sich mir dann die Gelegenheit, wieder in meinen eigentlichen Wirkungskreis Ostasien zurückzukehren. Ich möchte an dieser Stelle noch einmal zum Ausdruck bringen, dass ich ohne die Hilfe, die mir Ernst Wirkner hat zuteil werden lassen, dass ich ohne sein Verständnis, das er mir, dem Parteilosen, gegenüber aufgebracht hat, mühelos von dem Zweigespann Ruben-Behrsing zur Strecke gebracht worden wäre. Am 1. April 1970 wurde ich also Mitarbeiter der Asien-Afrika Abteilung der Deutschen Staatsbibliothek zu Berlin. Mein Eintritt wurde noch von einem Schreckmoment begleitet: Als ich in das Arbeitszimmer des Generaldirektors der Bibliothek, Herrn Professor Horst Kunze[108], zum Vorstellungsgespräch eintrat, saß neben ihm Frau Dr. Friedhilde Krause, die gerade stellvertretende Direktorin des Generaldirektors geworden war und die zu mir gesagt hatte, na wir werden schon sehen. Da bist du nun um ein Weniges zu spät gekommen, habe ich so bei mir gedacht, aber Frau Dr. Krause begrüßte mich freundlich mit Namen und Herr Professor Kunze fragte erstaunt, sie kennen sich? Ja, haben wir geantwortet, von der Universität her! Nach der Pensionierung von Herrn Professor Kunze wurde Frau Professor Dr. Krause Generaldirektorin. Ihrem ihr eigenen Verständnis für die Wissenschaft habe ich sehr viel im Verlauf von 22 Jahren meiner Tätigkeit in der Bibliothek zu verdanken. Ich hatte es gut in der Asien-Afrika Abteilung, Herr Dr. Schubarth-Engelschall war mir ein ebenso guter Direktor wie Ernst Wirkner. In diesen Zeitraum fällt die Begutachtung meiner Dissertationsschrift (so, wie ich sie eingereicht hatte) durch sowjetische Wissenschaftler der Leningrader Universität, an der ich ja studiert habe und der Vorschlag zu derer Drucklegung (s. Anhang, S. Nr. 20–21), fallen die Lehraufträge für Altchinesisch und moderne japanische Sprache[109] fällt der Lehrlingsunterricht in Englisch. Und natürlich gab es für die verschiedenen Stadien meiner Tätigkeit Begutachtungen meiner Person vom reaktionären Halunken bis aufwärts zum doch brauchbaren Mitarbeiter, auch hierzu Näheres im Anhang (Nr. 25–28). Dies ist der Bericht über mein Berufsleben. Und die Moral von der Geschichte? Gotthold Ephraim Lessing:

> Es eifre jeder seiner unbestochnen
> Von Vorurteilen freien Liebe nach!
> Es strebe von euch jeder um die Wette,
> Die Kraft des Steins in seinem Ring' an Tag
> Zu legen! komme dieser Kraft mit Sanftmut,
> Mit herzlicher Verträglichkeit, mit Wohltun,
> Mit innigster Ergebenheit in Gott, Zu Hülf!

108　　Horst Kunze (1909–2000), Bibliothekar, 1950–1976 Generaldirektor der Deutschen Staatsbibliothek. Karl Klaus Walther: *Horst Kunze als Direktor der Universität- und Landesbibliothek Halle. Ein Beitrag zum 100. Geburtstag.* In: *Jahrbuch für die Geschichte Mittel- und Ostdeutschlands* 55 (2009), S. 231–241.

109　　Das Dossier enthält hierzu meist kurze Bescheinigungen bez. Genehmigungen, die hier nicht abgedruckt werden.

Und im Privatleben? Da gab es auch Abenteuer zu überstehen und zwar die beim Bau unseres Hauses in Erkner, im Eichelgarten 26. Erkner war 1944 total zerbombt worden, wir erstanden ein Ruinengrundstück und mussten uns zum Aufbau verpflichten, was wir auch taten, denn wir wollten ja ein Haus bauen. Wir beantragten also eine Baugenehmigung, bekamen sie aber nicht, da es kein Baumaterial gab, aber mit Hilfe des hoch betagten Architekten Karl Kunze und des ebenso hoch betagten Maurers Heinrich Friebe begannen wir den Abriß der auf unserem Grundstück stehenden Ruine und starteten den Neubau, ohne Baugenehmigung. Wie wir das Baumaterial zusammenbrachten, wie wir unser Dach schließen konnten, wie wir eine Baustrafe zahlen durften, dann amtlich als «ausführender Baubetrieb: Rentnerbrigade» geführt wurden und so dem Abriß unseres Neubaus entgingen, wie uns unser Nachbar, Glasermeister Herbert Schmidt, von 19 Uhr bis nachts um 1 Uhr 30 unsere 30 Fenster verglaste und wie wir am 7.2. 1960 zum ersten Mal bei nicht schließender Tür (sie war noch verquollen) in unserem neuen Heim schliefen, das alles erzählt meine Frau in unserem von ihr illustrierten und geführten Bautagebuch und unser Baufotoalbum. Mein Vater hat die Vollendung unseres Neubaus nicht mehr erlebt, wenige Stunden vor seinem Tode am 17. Januar 1960 hat er mir noch mit großer Anstrengung erklärt, wie ich die Stubendecken zu malern hätte, immer vom Fenster weg nach innen. Und auch mein Schwesterherz hat uns 1966 kurz nach der Geburt ihrer zweiten Tochter für immer verlassen.

Das sind die trigonometrischen Punkte der Lebenslandschaft meiner Frau und meiner selbst, mit denen ich diese meine Erinnerungen an Deutschland nach unserer Rückkehr aus Lomonosov schließen möchte.

Erkner, 11. August 2007
Johann Dill

Anhang: Dokumentation

1. Vortrag anläßlich der Verteidigung am 17.12.1965

Meine sehr geehrten Damen und Herren,

in der vorliegenden Dissertation ist der Versuch unternommen worden, verschiedene Aspekte innerhalb der gegen die «Öffentliche Ordnung» verstoßenden Bewegungen zu untersuchen, die sich im Zeitraum 1–33 u. Z., vor rund 2000 Jahren also, in China abgespielt haben. Die Arbeit als solche hat ausgelegen, und ich darf mich darauf beschränken, etwas über die Methode zu sagen, die bei der Untersuchung angewendet worden ist, sowie auf die wichtigsten Resultate hinzuweisen, die sich aus der Arbeit ergeben haben.

Zuvor jedoch ganz kurz über den Stand der Forschungen zu dieser Thematik: Die Kardinalfrage bei den Aufstandsbewegungen dieses Zeitraums ist die Frage nach der Rolle und den Auswirkungen der von Wang Mang zu eben dieser Zeit durchgeführten wirtschaftlichen Maßnahmen. Die Arbeiten, die dieses Thema behandelt haben, lassen sich in zwei Gruppen einteilen: Die erste Gruppe untersucht nur die Reformen Wang Mangs als solche, ohne eine gleichzeitige nähere Untersuchung und Miteinbeziehung der verschiedenen Aufstandsbewegungen, z.B. Dubs: *Wang Mang and his economic reforms*, 1939/40 oder Li Chien-nung: *Abriß der Wirtschaftsgeschichte der beiden Han-Dynastien und der Zeit davor* aus dem Jahr 1962. Die zweite Gruppe untersucht die Reformbewegungen Wang Mangs unter teilweiser Berücksichtigung der in den gleichen Zeitraum fallenden Aufstandsbewegungen, z.B. Hans Bielenstein: *Restoration of the Han dynasty*, 1954 und 1959.

Die Meinungen darüber, wie sich die von Wang Mang durchgeführten wirtschaftlichen und politischen Maßnahmen in der Praxis ausgewirkt haben, sind unterschiedlich: Einige Autoren sehen in diesen Maßnahmen die Ursache für den Zusammenbruch des Wang Mang Regimes, andere wiederum sind der Meinung, daß für das Scheitern der Politik Wang Mangs andere Faktoren ausschlaggebend gewesen sind.

Hiervon ausgehend ergaben sich für die vorliegende Arbeit folgende Aufgaben: es waren möglichst vollständig alle in den betreffenden Zeitraum fallende Bewegungen zu erfassen; es war festzustellen, ob ein Zusammenhang mit den von Wang Mang durchgeführten Maßnahmen bestanden hat, wenn ja, waren Tatsachen aufzudecken, die als Bestätigung dieser Feststellung dienen konnten.

Die Durchsicht der von Chavannes, Maspero, Lao Kan, Hulsewé und Loewe bisher erschlossenen Han-zeitlichen Dokumente aus Tunhuang war insofern ergebnislos, als diese Fragmentesammlungen keinerlei Nachrichten über Aufstandsbewegungen enthalten, so daß nur die amtliche chinesische Geschichtsschreibung als Quelle herangezogen werden konnte.

Mit Hilfe des *Tzu-chih t'ung-chien* und der Indices zum *Ch'ien Han-shu* und *Hou Han-shu* wurden zunächst alle Stellen erfaßt, die in den Jahren

1–33 u. Z. in irgendeiner Form gegen die «Öffentliche Ordnung» gerichteten Bewegungen berichten und wurden, soweit nicht schon anderswo abgehandelt, datiert, übersetzt, kommentiert und chronologisch angeordnet. Parallelstellen und Textvarianten zu ein und demselben Ereignis wurden an der betreffenden Stelle in den Haupttext zur Vervollständigung und Abrundung des Bildes eingeschoben. An Hand eines gut renommierten chinesischen Atlasses wurden die in Frage kommenden Provinzen zu einer Karte zusammengefügt und alle im Zusammenhang mit den verschiedenen Bewegungen erwähnten Orte darauf eingetragen. So war es möglich, die Aussagen der Geschichtsschreiber in gewisser Weise zu überprüfen und den Gang der Handlungen sowie das Zusammenspiel der verschiedensten Kräfte innerhalb bestimmter Zeitabschnitte zu veranschaulichen. In mehreren Fällen konnten an Hand der Karte Rückschlüsse auf die soziale Herkunft der Bewegungsteilnehmer gezogen werden und, was vielleicht das Wichtigste ist, ein ganz bestimmter Zusammenhang zwischen den Produktionsstätten der Han-Zeit und den bedeutendsten von den unteren Bevölkerungsschichten ausgehenden Bewegungen aufgedeckt werden, ein Umstand, der bisher noch keine Beachtung in der Fachliteratur gefunden hat.

Nachdem das Material gesammelt und geordnet war, wurde versucht, die rund 135 in den Texten erwähnten Bewegungen zu differenzieren. So wurden zunächst die verschiedenen Gesellschaftsschichten ermittelt, auf die sich die einzelnen Bewegungen verteilten: an Hand des Familiennamens Liu, auf Grund der Tatsache, daß eine Person einen höheren Beamtenposten bekleidete oder zur Familie des Wang Mang gehörte, wurden z.B. die Regierungskreise ermittelt. Die Zugehörigkeit zur wohlhabenden nicht beamteten Gesellschaftsschicht ergab sich einmal vom Sprachlichen her aus den Bezeichnungen: vornehme Familie, großer Clan, «Mächtiger und Einflußreicher» u.s.w. oder dadurch, daß direkte Angaben über die Vermögenslage der betreffenden Person vorlagen. Interessant ist das Untersuchungsergebnis all der Fälle, in denen sich Personen nicht näher bezeichneter Herkunft Generaltitel oder Königs- und Kaisertitel zugelegt haben: alles weist darauf hin, daß dieser Personenkreis zur wohlhabenden Gesellschaftsschicht gehört hat. Komplizierter als in den zuvor geschilderten Fällen war die Situation bei den von den unteren Bevölkerungsschichten ausgehenden Bewegungen. In der überwiegenden Mehrheit der Textstellen treten die Teilnehmer dieser Bewegungen lediglich als Banditen, Räuber, Diebe bezeichnet auf, oder unter nur ganz allgemein gehaltenen Ausdrücken wie «Scharen, Masse, Menge, Truppen, Soldatenhaufen oder Männer und Frauen» u. dgl. Die Bestimmung der sozialen Schichten mußte daher auf anderen Wegen versucht werden: es wurden alle über die Anführer gemachten Aussagen gesammelt in der Hoffnung, Hinweise auf ihre soziale Herkunft zu finden; es wurde untersucht, ob Personen, die als «zum Heeresdienst und Dienstleistungen Ausgehobene» (tsu), als Zwangsarbeiter (t'u), als Sklaven (nu-pei), als heimatlos Umherziehende (liu-jen), als vor dem Gesetz Flüchtige (wang-ming), als Gefolgsleute (pin-k'o) bezeichnet wurden, in irgendeinem Zusammenhang mit den Bewegungen des untersuchten Zeitraums gestanden haben; es wurden schließlich die zur Han-Zeit existierenden Aufsichtsämter über Produktionsstätten auf der Karte lokalisiert und aus ihrer Dichte und Entfernung zu den Operationsgebieten der verschiedenen Bewegungen Rückschlüsse hinsichtlich der sozialen Herkunft der Teilnehmer gezogen.

Nach der Darlegung der in der Arbeit angewandten Methode möchte ich auf die wichtigsten Ergebnisse der Arbeit zu sprechen kommen: es wurde eingangs erwähnt, daß das Kernproblem in der Beantwortung der Frage nach der Rolle und den Auswirkungen der von Wang Mang zu jener Zeit durchgeführten wirtschaftlichen und politischen Maßnahmen besteht. Auf der Suche nach Faktoren, die das für und wider dieser Frage mit entscheiden könnten, hat zunächst Professor Bielenstein[110] verschiedene Untersuchungen durchgeführt: er konnte an Hand der Bevölkerungslisten der Jahre 140 v. u. Z, 2 u. Z. und 140 u. Z. nachweisen, daß in den Jahrzehnten des 1. Jh. u. Z. eine Abwanderung der Bevölkerung aus dem Norden Chinas nach Süden stattgefunden hatte, so daß sich in den Provinzen Hu-nan, Chiang-hsi und Kuang-tung die Bevölkerungszahl vervierfacht hatte. Er hat weiterhin festgestellt, daß 132 v. u. Z. der Huang-ho im Norden von Shan-tung die Deiche an derselben Stelle wie im Jahre 11 u. Z. durchbrochen und sich in den Huai-Fluß ergossen hatte. Auf Grund der Tatsache nun, daß in einer Debatte und in einem kaiserlichen Edikt aus den Jahren 69 und 70 u. Z. immer wieder die Rede von der Instandsetzung des Pien-Kanals ist, der weiter südlich lag und den Huai-Fluß mit dem Huang-ho verband, schlußfolgert er, obwohl an keiner Stelle des *Ch'ien Han-shu* und *Hou Han-shu* jemals die Rede davon ist, daß gleichzeitig mit der Überflutungskatastrophe an der Nordgrenze von Shan-tung eine solche auch an der Südgrenze Shan-tungs stattgefunden habe, so daß sowohl im Norden als auch im Süden von Shan-tung weite Landstriche unter Wasser gestanden hätten und unpassierbar gewesen wären. Daß dieser Zustand mehr als ein Jahrzehnt angedauert habe, folgert er aus der Tatsache, daß selbst der mächtige Kaiser Wu 23 Jahre gebraucht ht, um die Flutschäden der in ihrem Ausmaß kleineren Katastrophe des Jahres 132 v. u. Z. zu beheben. So macht Professor Bielenstein auf Grund dieser Untersuchungen folgende Aussagen: Shan-tung war ab 11 u. Z. für viele Jahre durch überflutete Gebiete im Norden und Süden von der übrigen Welt so gut wie abgeschnitten. Infolge der sich daraus ergebenden und ständig anwachsenden Hungersnot rottete sich schließlich die Bevölkerung zusammen und die Bewegung der Roten Augenbauen wuchs immer mehr an. Als schließlich die Lebensmittelvorräte vollkommen erschöpft waren, sahen sie sich gezwungen, Shan-tung zu evakuieren. Hierbei wählten sie, wie ausdrücklich betont wird, nicht den kürzesten Weg, sondern wandten sich unter Umgehung des von der Flutkatastrophe am meisten betroffenen Gebietes nach Süden, folgten dann aber den Abwanderungsrouten nach Süden deshalb nicht, weil sie als organisierte Gruppe im Begriff standen, politische Bedeutung zu erlangen und marschierten gegen die Hauptstadt. Daß ein Zusammenhang zwischen den

---

110 Hans Bielenstein (1920–2015), amerikanischer Sinologe und Historiker, Professor an der Columbia University.

Volksbewegungen und den Wirtschaftsreformen des Wang Mang
bestanden hat, lehnt Professor Bielenstein ab. Als Begründung führt er an,
daß im Vergleich zu früher Wang Mangs Reformen nicht mehr als eine
Jagdsteuer, eventuell noch eine Seidensteuer als zusätzliche Belastung für
die Bevölkerung mit sich gebracht hat und folgert: wenn der Grund für die
Bauernaufstände in den Wirtschaftsreformen Wang Mangs zu suchen
wären, dürften sich diese Aufstände nicht auf gewisse Gebiete beschränkt,
sondern müßten sich in allen Teilen des Reiches abgespielt haben, da die
Verfügungen Wang Mangs alle Bauern des Reiches in gleicher Weise
betroffen haben müssen. Aus diesem Grunde sieht er die Ursache sowohl
der Volksaufstände als auch der Abwanderung der Bevölkerung nach
Süden und des Falls von Wang Mang einzig und allein in den Auswirkungen der Flutkatastrophe des Jahres 11 u. Z. Soweit die Ausführungen
Professor Bielensteins.

Bei der Auswertung des in vorliegender Arbeit erschlossenen Materials
konnten nun bei einem Vergleich mit obigen Ausführungen zunächst einige
Unstimmigkeiten festgestellt werden und zwar: Die Roten Augenbrauen,
die nach Professor Bielenstein aus Shan-tung deshalb abzogen, weil die
Lebensmittelvorräte total erschöpft waren und nach Süden hin über die
Fluten gingen, wandten sich danach nicht nach Westen gegen die
Hauptstadt, sondern kehrten bereits nach wenigen Monaten in ihr altes
Gebiet, in dem sie seit eh und je operiert hatten, zurück. Und bei dieser
Rückkehr nach Shan-tung durchquerten sie genau das Gebiet, in dem nach
Professor Bielenstein die Auswirkungen der Flutkatastrophe am größten
gewesen sein müssen. Daß andrerseits bei dieser abermaligen Fluß- oder
Kanalüberquerung keine großen Schwierigkeiten zu überwinden waren,
geht aus der Kürze des Zeitraums hervor, in dem sich alles abgespielt hat.
Der Abzug der Roten Augenbrauen nach Süden erklärt sich m.E. einfach
aus der Tatsache, daß sie etwa 30–85 km vom Fluß entfernt gerade deine
Niederlage durch Regierungstruppen erlitten hatten. Der Weg nach Norden
war ihnen also versperrt und sie wichen nach Süden aus, zumal der
Flußübergang dem Gegner die Verfolgung erschwerte.

2. An einer Stelle des *Ch'ien Han-shu* heißt es, daß mehrere Jahre
hindurch bis 19 u. Z. eine Dürre in den Gebieten O [=östlich] des Han-ku
Passes geherrscht hat, also mit Bestimmtheit wiederum in dem Gebiet, das
nach Professor Bielenstein weithin überflutet war.

3. An einer Stelle des *Hou Han-shu* wird davon berichtet, wie 23 u. Z.
dem zukünftigen Kaiser Kuang-wu ganz in der Nähe der Deichbuchstelle
des Jahres 11 u. Z. der Vorschlag unterbreitet wird, die Dämme des
Huang-ho zu durchstechen, um so die Roten Augenbrauen unter Wasser zu
setzen und zu ertränken.

4. Fünf Jahre später, im Zeitraum 28/29 u. Z. durchquerte eine andere
große Bewegung der unteren Bevölkerungsschichten, die «Fünf Gruppen»,
dreimal die nach Prof. Bielenstein unter Wasser stehenden unpassierbaren
Gebiete und zwar in Richtung nach Shan-tung hinein, dann aus Shan-tung
hinaus und wieder nach Shan-tung zurück, wo sie schließlich endgültig
unterworfen wurden.

Zusammen mit der Tatsache, daß nach 11 u. Z. weder im *Ch'ien*

Han-shu noch im *Hou Han-shu* irgendwie von einer größeren Flutkatastrophe die Rede ist, lassen die in den angeführten Textstellen geschilderten Tatsachen Zweifel daran aufkommen, daß 12 Jahre nach der Flutkatastrophe des Jahres 11 u. Z. Shan-tung sowohl im Norden als auch im Süden durch überflutete unpassierbare Gebiete abgeschnitten [gewesen] sein soll.

Auf der Suche nach indirekten, in den Texten nicht unmittelbar zum Ausdruck gebrachten Hinweise darüber, ob nicht doch irgendein Zusammenhang mit den Wirtschaftsreformen Wang Mangs zu erkennen ist, wurde in der vorliegenden Arbeit der Versuch unternommen, einmal festzustellen, ob es zur Han-Zeit nicht so etwas gegeben hat, was man heutzutage als «Industriezentren» bezeichnen würde. Die Ausbeute einer Durchsicht der geographischen Kapitel des *Ch'ien Han-shu* bestand in 87 Namen von Provinzen, Lehensstaaten oder Präfekturen, in denen ganz bestimmte Arten von Ämtern ihren Sitz hatten, nämlich: Eisenämter, Salzämter, Handwerksämter und Ämter für Bekleidung. Über diese Ämter selbst, d.h. über ihre Funktion, Kompetenz, ihren Wirkungsbereich u. dgl. werden keine näheren Angaben gemacht. An einer einzigen Stelle des *Hou Han-shu* jedoch wird berichtet, daß in einer gewissen Präfektur die Berge eisenerzhaltig waren, so daß von überall her die Leute dorthin zogen und sich Eisen schmolzen. Der Gouverneur der betreffenden Provinz richtete daraufhin ein Eisenamt ein, unterband das private, d.h. wohl unversteuerte Schmelzen von Eisen und zog auf diese Weise jährlich 5 Millionen an Steuergeldern ein. Auf Grund dieses einen Falles können wir uns eine gute Vorstellung von der Funktion dieser Ämter ganz allgemein machen: sie überwachten die Besteuerung der in ihrem Bereich liegenden Produktionsstätten und bildeten eine Goldgrube für die Staatskasse. Diese 87 Ämter wurden nun lokalisiert und auf der Karte eingetragen, was zu folgendem Ergebnis führte: 40% aller Aufsichtsämter lagen in großer Dichte in den zwei benachbarten Provinzen Shan-tung und Ho-pei, den Hauptoperationsgebieten der bedeutendsten von den unteren Bevölkerungsschichten ausgehenden Bewegungen. So war z.B. das Gebiet, in dem die Roten Augenbrauen 6 Jahre lang operierten, von einem Ring dicht an dicht liegender Kontrollämter über Produktionsstätten umgeben. Wir können also zunächst folgende Feststellung treffen: Es gab zur Han-Zeit Produktionszentren. Diese unterstanden einerseits der staatlichen Kontrolle und waren andrerseits der Schauplatz großer Volksbewegungen.

Im Zusammenhang mit dieser Feststellung ist auf eine andere sehr interessante Tatsache hinzuweisen. Sofort nach seiner Thronusurpation 9 u. Z. ging Wang Mang gegen die Angehörigen der alten kaiserlichen Sippe der Liu vor: er verordnete ihre Entfernung aus den öffentlichen Ämtern und verfügte die Einziehung ihrer Lehen. Aus dem Material ergibt sich nun, daß in Shan-tung diese Verordnungen auch tatsächlich realisiert worden sind. Die Mitglieder der Familie des Liu P'en-tzu wurden zu gemeinen Leuten des Volkes degradiert, ihre Lehen wurden eingezogen. Einer anderen Textstelle zufolge hatten sich im Laufe der Zeit über 70 Angehörige der alten kaiserlichen Liu-Sippe dem Heer der Roten Augenbrauen als einfache Leute des Volkes angeschlossen. Im Gegensatz hierzu ergibt sich an Hand weiterer Textstellen, daß in anderen Gebieten diese gegen die Liu verfügten Maßnahmen nicht realisiert worden sind. In Hu-pei verkaufte Liu Hsiu, der spätere Kaiser Kuang-wu, sogar in Zeiten der Hungersnot Getreide, um gegen den Erlös Waffen einzukaufen. Liu Hsüan, der spätere Kaiser Keng-shih, und seine Gefolgsleute luden die Beamten der Lokalbehörden zu einem Bankett ein und brachen einen Streit vom Zaune. In diesem Gebiet hatten also die Angehörigen der Liu-Sippe zumindest ihre wirtschaftliche Macht behalten. Es erhebt sich die Frage: warum wurden hier in Hu-pei die Verordnungen des Wang Mang nicht im gleichen Maße realisiert wie in Shan-tung? Vergleicht man beide Provinzen auf der der Arbeit beigefügten Karte, so kann man ablesen, daß in Hu-pei nicht ein einziges Aufsichtsamt über Produktionsstätten lag, während in Shan-tung dicht an dicht 25 dieser Ämter lagen! Auf Grund dieser Betrachtungen können wir somit eine weitere Feststellung treffen: die reale Macht Wang Mangs war nicht überall die gleiche. Sie war dort groß, wo sich eine Konzentration von Aufsichtsämtern ergab, sie war gleich Null dort, wo diese nicht vorhanden waren. Damit wird einerseits der Einwand Bielensteins widerlegt und eine Begründung dafür gegeben, warum die Bevölkerung nicht in allen Teilen des Reiches in gleicher Weise von den Maßnahmen des Wang Mang betroffen worden ist. Zum anderen aber weist diese Tatsache darauf hin, daß die Funktion dieser Aufsichtsämter über eine bloße Besteuerung der in ihrem Bereich liegenden Produktionsstätten hinausgegangen sein muß: sie waren gleichzeitig innenpolitische Stützpunkte und vollstreckende Organe der Zentrale, die die Verordnungen des Wang mang in die Tat umsetzten. So wurden hier in Shan-tung und in Ho-pei mit Gewißheit auch die Wirtschaftsreformen Wang Mangs zur Ausführung gebracht, die die breiten Volksmassen dadurch sehr wohl und sehr schwer betrafen, daß jetzt auch für die letzten Reserven der unteren Bevölkerungsschichten in Zeiten der Not, nämlich für die in Wald und Flur wild wachsende Produkte, Steuern zu entrichten waren, die Wang Mang zur Finanzierung seines Krieges gegen die Hsiung-nu und für die Extravaganzen seiner Bauvorhaben und Hofhaltung dringend benötigte und auch wirklich eintreiben ließ.

Die Tatsache, daß die Operationsgebiete der größten und bedeutendsten Volksbewegungen dort gelegen haben, wo die Konzentration der Aufsichtsämter über Produktionsstätten am Größten war, das heißt dort, wo die Verordnungen der Zentrale auch auf wirtschaftlichem Gebiet realisiert worden sind, kann m. E. als Bestätigung dessen angesehen werden, daß der Hauptbeweggrund der von den unteren Bevölkerungsschichten ausgehenden Bewegungen in der gegen die Volksinteressen [gerichteten] Wirtschaftspolitik Wang Mangs zu suchen ist. Die Naturkatastrophen haben die Notlage ohne Zweifel verschärft, aber sie bildeten nicht den Hauptbeweggrund.

Ich darf an dieser Stelle ganz kurz auf die von Professor Bielenstein gemachte Feststellung zurückkommen, daß sich in den Provinzen Hu-nan, Chiang-hsi und Kuang-tung zu Anfang des 1. Jh. u. Z. die Bevölkerung durch Zuwanderung vervierfacht hatte. Von diesen drei Provinzen hatte nur Kuang-tung ganze drei Aufsichtsämter über Produktionsstätten, gegenüber

34 Aufsichtsämtern in Shan-tung und Ho-pei. Damit ergibt sich auch für die Abwanderung nach Süden ein weiterer wichtiger Beweggrund. Die Bevölkerung war weniger vor den Fluten einer Überschwemmungskatastrophe geflohen, sondern sie wanderte ab aus einem Gebiet, in dem die Macht des Kaisers und damit auch die Belastung und die Ausbeutung der Bevölkerung groß waren und wandte sich in Gebiete, die außerhalb des direkten Machtbereiches der Zentrale gelegen haben.

In dem Nachweis, daß nicht die Naturkatastrophen, sondern die Wirtschaftsreformen Wang Mangs der Hauptbeweggrund für die von den unteren Bevölkerungsschichten ausgehenden Bewegungen waren, in der Aufdeckung einer erweiterten innenpolitischen Funktion der Aufsichtsämter über Produktionsstätten und in dem Hinweis darauf, daß die reale Macht des Wang Mang nicht in allen Teilen des Reiches die gleiche war, sondern sich auf bestimmte Gebiete beschränkt hat, sind m.E. die wichtigsten Ergebnisse der vorliegenden Arbeit zu sehen und ich möchte hiermit meine Ausführungen schließen. Für methodische Hinweise, Verbesserungen und Berichtigungen jeder Art bin ich Ihnen zu Dank verpflichtet.

2.
Berlin, 10.2.1966

Aktennotiz

Betr.: Einstellung des Kollegen Dill

Ich habe am 8.2.1966 eine Aussprache mit Genossen Dr. Krüger, stellv. Direktor des Orientalistischen Institutes der DAW betreffs der Umsetzung des Koll. Dill in die ZLGID[111] geführt.
Ergebnis:
Genosse Dr. Krüger ist mit der Umsetzung des Kollegen Dill zum 15.2.66 einverstanden. Seine Zustimmung machte er noch von der Absprache mit Dr. Wahl abhängig.
Genosse Dr. Krüger hat darauf aufmerksam gemacht, daß Kollege Dill für Leitungsfunktionen nicht geeignet ist.

Zum Promotionsverfahren des Kollegen Dill:
Dasselbe wurde abgebrochen und muß zu Ende geführt werden. Es steht noch nicht fest, ob damit die Verteidigung zu einem positiven Ergebnis führt. Gegenwärtig wurde die Klärung der Fakultät übertragen. Über die mit der Promotion verbundenen Differenzen wurde das Staatssekretariat für das Hoch- und Fachschulwesen, Genosse Klien[112], und die Abteilung

---

111 ZLGID Zentrale Leitung für gesellschaftswissenschaftliche Information und Dokumentation bei der Deutschen Akademie der Wissenschaften
112 Erich Alvaro Klien, studierte Sinologie und übersetzte aus dem Chinesischen. Er war beteiligt an den Publikationen: *Märzschneeblüten. Chinesische Erzählungen.* Berlin: Volk und Welt 1959; Li Qianfu: *Der Kreidekreis.* Leipzig: Reclam 1958; *Die Juwelenpagode (Dschen Tschu Ta). Ein altchinesischer Roman.* Deutsch v. Anna von Rottauscher.

Wissenschaft des ZK der SED informiert. Im Falle eines negativen Ausganges ist eine Überarbeitung der Dissertationsschrift erforderlich. In diesem Falle müßte in Zusammenarbeit mit Dr. Krüger die weitere Betreuung des Kollegen Dill gewährleistet werden.

gez. Ernst Wirkner

3.

Aktennotiz

vom 21.6.1966 über das Gespräch betreffs Fortsetzung des Promotions-verfahrens von Johann Dill zwischen Zuvorgenannten sowie Herrn Prof. Dr. Behrsing (Institutsdirektor des Ostasiatischen Instituts der Humboldt--Universität zu Berlin) und Herrn Dr. Huber[113] (Fachrichtungsleiter für Afrika- und Asienkunde am gleichen Institut) anstelle des Fachrich-tungsleiters Prof. Dr. [Gerhard] Mehnert, der die erste Verhandlung im Februar geführt hat und jetzt Dekan der Philosophischen Fakultät geworden ist.

PROF. BEHRSING: Der eine Teil der Arbeit ist ganz gut. Im Auswertungsteil dagegen sind wesentliche Teile geradezu erfunden. Dieser Meinung sind auch andere Professoren.
DILL: Wer sind bitte die anderen Professoren?
PROF. BEHRSING: Herr Prof. Ruben, Herr Prof Juncker z.B.
DILL: Hinweis darauf, daß erstens der 1. Begutachter, Herr Prof. Ratchnevsky, genau entgegengesetzter Meinung ist, zweitens, daß Herr Prof. Ruben öffentlich auf der Verteidigung erklärt hat, er habe die Arbeit nicht gelesen und verstünde auch sonst nichts von der Sache. Er habe aber weder den Thesen noch dem Vortrag noch irgendeiner meiner Worte etwas entnehmen können. Frage: Wie kann jemand, der die Arbeit nicht gelesen hat, so entscheidend bei der Bewertung und Beurteilung der Arbeit sein?
DR. HUBER: Ich habe die Arbeit jetzt auch angesehen. Sie ist wirklich schwach. Er könne zwar den Tisch, der vor uns steht, selbst nicht anfertigen, aber ob er gerade oder schief steht, das könne er beurteilen und so ist das auch bei den anderen Professoren.
DILL: Frage an Herrn Dr. Huber: Haben Sie einmal mit Herrn Prof. Ratchnevsky gesprochen, um sich auch über die gegensätzliche Meinung zu orientieren, die besteht?
DR. HUBER: Nein, der Standpunkt von Herrn Prof. Ratchnevsky ist uns ja bekannt. Er steht allein mit seiner Auffassung und die Majorität ist entscheidend.

Nachbemerkung von E. A. Klien. Leipzig: Reclam 1977. 432 S.; *Der Sprachforscher Hans Conon von der Gabelentz (1807–1874): eine Reflexion von Olaf Wegewitz.* Autoren: Dr. Klaus Jena (Germanist, Altenburg), Erich Alvaro Klien (Sinologe, Berlin), Dr. Klaus Koppe (Mongolist, Berlin), Jutta Penndorf (Kunsthistorikerin, Direktorin des Lindenau-Museums). Altenburg: Lindenau-Museum, 1998. 48 S.; Lehre und Studium der Asien-, Afrika- und Lateinamerikawissenschaften im 40. Jahr der Deutschen Demokratischen Republik / Manfred Voigt, Erich Alvaro Klien, Klaus Koppe. *Asien, Afrika, Lateinamerika* 17.1989,5, S. 789–796.

113   Kurt Huber, Südostasien-Experte.

DR. HUBER holt das Protokoll der Verteidigung und liest daraus. Dill Anfrage, ob das Protokoll z.B. von Herrn Prof. Ratchnevsky (vom 1. Begutachter also) unterschrieben worden ist.

DR. HUBER: Antwort: Nein, von 4 anwesenden Professoren haben nur zwei unterschrieben.

DILL: Weist auf unkonkrete Formulierung der Beschlußverkündung, in der die Begründung ausgelassen ist, hin. Aus dieser ausgelassenen Begründung geht die Notwendigkeit einer Fortsetzung nicht hervor.

DR. HUBER: Es entsteht der Eindruck, als ob für Sie nur die formellen Dinge im Vordergrund stehen. Es handelt sich doch hier nur um gewisse Formfehler. Es interessiert doch vielmehr der Inhalt. Die Verteidigung muß fortgesetzt werden, um folgende Fragen zu klären:

1. Wie drückt sich in Ihrer Arbeit Ihre Einstellung zum Marxismus aus?

2. Falls Sie keinen marxistischen Standpunkt haben, Abgrenzung dieses Standpunktes zum Marxismus.

Sind Sie grundsätzlich dazu bereit?

DILL: Natürlich!

DR. HUBER macht noch auf folgendes aufmerksam: Wenn die angestrebte Fortsetzung der Verteidigung nicht gelingt, weiß man zunächst wiederum nicht, was zu tun sei. In diesem Fall müsse die Fakultät zur Entscheidung hinzugezogen werden, da sie ja die Dissertation angenommen hat. Vielleicht muß dann eine Umarbeitung der Dissertation erfolgen.

DILL: Frage: Ich verstehe eines nicht. Wenn wesentliche Teile meiner Dissertation erfunden sind, wie Herr Prof. Behrsing eingangs ausgeführt hat, wie kann er dann solch eine Arbeit mit «magna cum laude» – sehr gut bewerten? Warum zieht man eigentlich immer nur das zweite Gutachten von Herrn Prof. Behrsing heran, ohne das erste Gutachten, das genau entgegengesetzter Meinung ist, im geringsten zu beachten?

Vorschlag: Falls Bedenken ideologischer Art bestehen sollten, bitte ich darum, bei zuständiger Stelle ein drittes Gutachten einzuholen. Ich bitte lediglich darum, zu berücksichtigen, daß ich kein Historiker bin, sondern als Philologe die Arbeit geschrieben habe, meiner Meinung nach allerdings vom marxistischen Standpunkt aus.

DR. HUBER: Ein drittes Gutachten einzuholen ist nicht notwendig, da ja beide Gutachten positiv sind, man könnte höchstens einen Diskussionsbeitrag vorbereiten lassen.

DILL: Da man nach den Ausführungen von Herrn Dr. Huber im Falle des Nichtgelingens wiederum nicht weiß, ob das Verfahren weitergeführt wird oder nicht, kann man, um Zeit zu einzusparen, doch schon jetzt diesen Fall annehmen und in dem von mir vorgeschlagenen Sinn verfahren, da ich lediglich an einem objektiven und klaren Abschluß des Verfahrens interessiert bin.

DR. HUBER: Man hätte natürlich schon am 17. Dezember 1965 negativ entscheiden können, man hätte das aber nicht getan, um mir eine echte Chance zu geben.

DILL: Ich mache darauf aufmerksam, daß bei der Beratung über die Bewertung der Verteidigung beide Gutachter sich für «gelungen» (Herr Prof. Behrsing noch gelungen) ausgesprochen haben, daß also nur die zwei

Professoren, die die Arbeit nicht gelesen haben, dagegen gestimmt haben.

PROF. BEHRSING: Das ist nur ein Gerücht, ich könne gar nicht wissen, was beraten worden sei.

DR. HUBER: Sinn der Verteidigung: Sie soll zeigen, ob der Nachwuchswissenschaftler in den Hörsaal gehört, ob er wirklich habilitieren kann.

DILL: Hinweis, daß ich nunmehr aus der Sinologie ausgeschieden bin, daß dieser Aspekt also nicht mehr zur Debatte steht, daß man also offen im vorgeschlagenen Sinne das Verfahren zeit- und kräftesparend von vornherein abkürzen könne.

PROF. BEHRSING: Mein Stellungswechsel sei eine rein private Angelegenheit, die niemand interessiert. Ich hätte eine sinologische Arbeit eingereicht, die also den Anforderungen des Faches zu entsprechen habe.

DILL: Feststellung: Die Verfahrensweise bei der Verteidigung hat demoralisierend auf mich gewirkt. Man hätte am selben Tag des nachmittags die Verteidigung fortsetzen können.

PROF. BEHRSING: Auf mich auch. Aber dadurch, daß man mir noch eine Chance geben will, zeigt sich doch gerade, wie menschlich wir gehandelt haben bei der Begutachtung.

DR. HUBER: Zusammenfassung: Die Herren Professoren Hörz[114] und [Karl-Heinz] Wirzberger[115] sollen entscheiden, ob ein drittes Gutachten in Form eines Diskussionsbeitrages angefertigt werden soll. Über eine neue Festsetzung des Termins wird man sich mit mir ins Einvernehmen setzen.

Anfang der Beratung: 15.00 Uhr
Ende der Beratung: 16.15 Uhr

(Dill)

4.
Berlin, 29.8.1966

Aktennotiz
Betr.: Telefongespräch mit Genossen Klien, Staatssekretariat für das Hoch- und Fachschulwesen am 26.8. wegen Weiterführung des Promotionsverfahrens des Kollegen Johann Dill.
Ergebnis:
Genosse Klien wurde über die Meinung des Genossen Professor Behrsing, die er mir gegenüber im Juni d.J. betreffs der Weiterführung des Promotionsverfahrens des Kollegen Dill geäußert hat, unterrichtet.

Klien distanzierte sich von der Äußerung Behrsings, daß das Staatssekretariat und das ZK der SED auf die Statuierung eines Exempels in Bezug auf Dill bestehen würden. Er teilte mit, daß es darauf ankäme, daß Dill eine

114   Herbert Hörz (1933–2024), Philosoph, 1960 Promotion, 1962 Habilitation an der Humboldt-Universität; 1967/68 Dekan der Phil. Fakultät, 1969 Ordinarius für dialektischen Materialismus; 1977 Ord. Mitglied der Akademie der Wissenschaften. https://www.kommunismusgeschichte.de/article/detail/hoerz-herbert

115   (1925–1976), Professor für Anglistik an der Humboldt-Universität, 1967–1976 Rektor der Humboldt-Universität und Angeordneter der Volkskammer der DDR. https://www.kommunismusgeschichte.de/article/detail/wirzberger-karl-heinz

eindeutige Stellungnahme abgibt. Es muß offen gesagt werden, ob er für oder gegen den Historischen Materialismus ist. In beiden Fällen bedarf es einer klaren Begründung. Nicht erwartet werden kann, daß sich ein Wissenschaftler zum Historischen Materialismus bekennt, aber dann muß es offen zum Ausdruck gebracht werden.

Die Meinung des Staatssekretariats besteht ferner darin, daß auf keine vorgefaßte Meinung gepocht werden darf. Wenn Dill eine eindeutige Meinung abgibt, steht der Zuendeführung des Verfahrens nichts im Wege und die Verteidigung kann als gelungen betrachtet werden.

Vom Staatssekretariat wird eine Stellungnahme des Genossen Prof. Behrsing erwartet, um zu klären, warum er auf der einen Seite magna cum laude gibt und auf der anderen Seite eine negative Einschätzung.

Im Sinne dieser Vereinbarung wird festgelegt, daß ich Behrsing über das Gespräch unterrichte (was geschah). Bevor ich mit Behrsing spreche, mich mit der Genossin Dr. Müller in Verbindung setze – Parteisekretär des Instituts –, um mich über den Entwicklungsstand zu informieren.

Klien ist bereit, mit mir weitere Gespräche zur Klärung dieses Falles zu führen – falls erforderlich.

gez. Ernst Wirkner

5.
Berlin, 29.8.1966

Aktennotiz

Aktennotiz über das Telefongespräch mit Genossin Dr. Müller[116] am 26.8.1966 betreffs der Weiterführung des Promotionsverfahrens des Kollegen Johann Dill

Ergebnis:
Genossin Dr. Müller wurde über die telefonische Aussprache mit Klien und Behrsing in Kenntnis gesetzt. Sie informierte mich über die Entscheidung des Parteiaktivs.
1. Im Parteiaktiv wurde festgelegt, daß das Promotionsverfahren zu Ende geführt wird.
2. Behrsing hat eine Stellungnahme zu seinem Gutachten abzugeben.
3. Behrsing wurde aufmerksam gemacht, daß er sein Vorhaben, mit dem Philosophie-Prüfer in Verbindung zu treten, damit er Dill durchfallen läßt, zu unterlassen hat. Sie versprach mir in diesem Zusammenhang, daß Sie mit diesem Philosophen persönlich noch einmal sprechen wird, um sich zu vergewissern, daß bei der mündlichen Prüfung keine Vorbehalte eine Rolle spielen dürfen.
Es wurde vereinbart, daß wir die Mitteilung von Behrsing über die Weiter-

---

116   Wohl Eva Müller (1933–), Sinologin. Vgl. *Chinesische Literatur. Zum siebzigsten Geburtstag von Eva Müller.* Herausgegeben von Mechthild Leutner und Jens Damm. Münster: LIT 2004. 139 S. (Berliner China-Hefte 27.). Frau Keller erinnert sich, daß zur Zeit von Rainer Schwarz diese Funktion Frau Müllers Ehemann, Rainer Müller, wahrnahm.

führung des Verfahrens abwarten, notfalls erneut zusammen beraten, daß
1. Kollegen Dill gegenüber die entsprechende Gerechtigkeit widerfährt und
2. Genosse Prof. Behrsing eine eindeutige parteiliche Haltung an den Tag
legt.
Ich versprach, mit Kollegen Dill zu sprechen, daß er bei der Zuendeführung
des Verfahrens seinen eindeutigen Standpunkt darlegt.
Kollege Dill wurde mündlich von der Aussprache in Kenntnis gesetzt.

Gez. Ernst Wirkner

6.
Berlin, 5.10.1966

Aktennotiz
Aktennotiz über ein Telefongespräch mit Genossen Prof. Behrsing am
4.10.1966

Kollege Wirkner fragt an, was sich bisher hinsichtlich des Promotionsverfahrens des Kollegen Dill ergeben hat.
Genosse Prof. Behrsing: Ich habe einen Brief an Genossen Prof. Huber
       gerichtet, wo ich die Angelegenheit niedergelegt habe. Leider hat
       Prof. Huber den Brief erst nach seinem Urlaub vorgefunden, so daß
       eine Verzögerung von 3 bis 4 Wochen eintrat. Ich habe nach dem
       Urlaub mit ihm gesprochen und gehört, daß wieder eine andere
       Meinung aufgetaucht ist, und zwar, daß die Verteidigung nun doch
       durchgeführt werden soll. Meiner Meinung nach wäre der
       vorgeschlagene Weg, eine Erklärung vom Kollegen Dill an das
       Dekanat zu geben, der bessere. In der Öffentlichkeit können Dinge
       passieren, wenn Kollege Dill wieder ins alte Fahrwasser zurückfällt.
       Zur Zeit ist Genosse Klien krank.
       Vorschlag von Prof. Behrsing: Er will mit Prof. Huber und Mehnert
       sprechen, daß sie endlich zu einem Entschluß kommen.

gez. Ernst Wirkner

7.

OSTASIATISCHES INSTITUT
DER PHILOSOPHISCHEN FAKULTÄT
DER HUMBOLDT-UNIVERSITÄT ZU BERLIN

108 BERLIN W8Xen 21.10.66
Universitätsstr. 3 b   /Th
Telefon XOXOXXXXXX 200206/38
Bankverbindung: Deutsche Notenbank Berlin
Kto.-Nr. 11 27 600/1

E i n l a d u n g

Zu der am Mittwoch, dem 2.11.66, 10.00 Uhr, im Raum 6 des
Ostasiatischen Instituts stattfindenden Fortsetzung der Verteidigung der Dissertation des Herrn J. Dill "Untersuchungen zu Charakter
und Struktur der gegen die 'Öffentliche Ordnung' verstoßenden Bewegungen des Zeitraums 1-33 u.Z. in China" lade ich Sie hiermit ein.

(Prof. Behrsing)
Institutsdirektor

8.
Vortrag 2.11.1966

Meine sehr geehrten Damen und Herren!

Gestatten Sie mir, der an mich ergangenen Aufforderung nach zu kommen, den ideologischen Standpunkt der von mir bereits am 17. Dezember vorigen Jahres verteidigten Dissertationsschrift, zu der Vertreter der mir seinerzeit vorgesetzten Dienststelle geäußert haben, sie sei bürgerlich-idealistisch, darzulegen und auf die Frage der Parteilichkeit einzugehen, die ebenfalls an mich gestellt worden ist.

Den Schwerpunkt der Arbeit bildet die Untersuchung der von den unteren Bevölkerungsschichten ausgehenden verschiedenen Arten der öffentlichen Auflehnungen in den ersten 30 Jahren u.Z. Es ist in der Arbeit der Versuch unternommen worden, gegen die Thesen des durch seine fundierten Arbeiten und jetzt in den USA arbeitenden Sinologen Professor Hans Bielenstein zu polemisieren. Professor Bielenstein sieht den Grund für die von den breiten Volksmassen ausgehenden Erhebungen ausschließlich in den Auswirkungen verschiedener Flutkatastrophen. Damit wird die Beantwortung der wichtigen Frage nach den Ursachen verentgesellschaftlicht, wenn man so sagen kann. Der Verfasser der vorliegenden Dissertationsschrift ist demgegenüber grundsätzlich anderer Ansicht. Gestützt auf umfangreiche Untersuchungen ist er zu der Erkenntnis gelangt, daß die damals vorherrschenden Produktionsverhältnisse und der entsprechende politische Überbau maßgebend für die dargestellten Ereignisse waren. So konnte die These aufgestellt werden, daß die derzeit bestehenden Kontrollämter von Salz und Eisen, die nach Meinung des Verfassers als Verwaltungszentren in der überwiegenden Mehrheit der Fälle inmitten von Produktionsstätten gelegen haben (S. hierzu die aufschlußreiche Textstelle auf den Seiten 127 f.), eine bedeutende innerpolitische Rolle gespielt haben müssen und für die Erklärung der

Ursachen und Beweggründe der Volkserhebungen jenes Zeitraums von
großer Bedeutung gewesen sind. Diese Entwicklung ist eindeutig auf der
der Arbeit beigegebenen Karte charakterisiert, wo die Kontrollämter
nachgewiesen werden und die davon abhängigen Beziehungen abzulesen
sind. Der Verfasser ist so zu dem Ergebnis gekommen, daß die Ursachen
für die Volkserhebungen nicht in den Auswirkungen von Naturkatastrophen, denen der Mensch hilflos ausgesetzt ist und die also unabhängig
vom Verhalten der menschlichen Gesellschaft über diese hereinbrechen, zu
sehen sind, sondern sich vielmehr aus den innerpolitischen Maßnahmen der
Regierung und aus den Beziehungen der verschiedenen Gesellschaftsschichten herleiteten und somit das Resultat ganz bestimmter gesellschaftlicher Verhältnisse sind. Der Verfasser ist der Meinung, daß dieser
von ihm vertretene Standpunkt ein materialistischer Standpunkt ist. Das als
Beantwortung der ersten Frage nach dem in der vorgelegten Dissertia-
tionsschrift bezogenen ideologischen Standpunkt. Zur Differenzierungs-
thematik:

Verfasser hat als Ausgangspunkt seiner Untersuchungen charakte-
ristische Termini genommen, die immer wieder bei der Darlegung der uns
interessierenden Ereignisse verwendet worden sind. Verfolgt wurde jeweils
bestimmte Aspekte dieser Termini.

Untersucht wurden z.B. 1. Alle Ausdrücke, durch die die Tatsache der
Erhebung berichtet wird (s. S. VI–VIII). Ziel der Untersuchung war es zu
ermitteln, inwieweit durch den sprachlichen Ausdruck inhaltlich verschiedene Typen von Erhebungen gekennzeichnet werden. 2. Die Termini, die
zur Bezeichnung von Angehörigen der wohlhabenden, nicht beamteten
Gesellschaftsschicht gedient haben (S. XXII f.). Ziel der Untersuchung:
konkrete Angaben über die Vermögensquelle der betroffenen Personen zu
ermitteln, um die Gesellschaftsstruktur genauer bestimmen u können. 3.
Untersucht wurden die Fälle, in denen sich Personen bestimmte Generals-
bzw. Königs- oder Kaisertitel zugelegt hatten. Ziel der Untersuchung:
Ermittlung der sozialen Herkunft. 4. Untersuchung der Ausdrücke, die
einen Personenkreis in bestimmter sozialer Lage bezeichnen, der sich in der
überwiegenden Mehrheit der Fälle aus Angehörigen der unteren Bevölkerungsschichten zusammengesetzt hat (S. XXXVII–XLVI). Ziel: Untersuchung der gesellschaftlichen Struktur, Ermittlung von Proportionen für die
soziale Zusammensetzung des Personenkreises, der an den verschiedenen
Erhebungen teilgenommen hat, Bestimmung der Rolle, die die einzelnen
Schichten bei den Erhebungen gespielt haben unter Berücksichtigung der
Periodisierung. Diese Art der Untersuchung geht von der Methode eines
Philologen aus, doch dürften die Rückschlüsse dieser philologischen
Betrachtung historischer Ereignisse aus für den Historiker nicht uninter-
essant sein und nähern sich vielleicht den von Frau Professor Welskopf[117]
in ihrer Schrift «Über die Arbeit des Althistorikers» aufgestellten
Anforderungen und Vorstellungen. Ein von mir nicht zu bewältigenden

---

117   Elisabeth Charlotte Welskopf: Die wissenschaftliche Aufgabe des Althistorikers.
      *Sitzungsberichte der Deutschen Akademie der Wissenschaften zu Berlin. Klasse für
      Philosophie, Geschichte, Staats-, Rechts und Wirtschaftswissenschaften.* Jahrgang 1965, Nr.
      2. 17 S.

Problem war die genaue Ermittlung der gesamten Klassenstruktur der damaligen Gesellschaft. Zur Bezeichnung der unteren Gesellschaftsschichten verwendet der Geschichtsschreiber lediglich die Ausdrücke: Personen, die als Pächter oder Lohnarbeiter in der Landwirtschaft tätig waren, Handwerker, Händler, ungelernte Arbeiter, Soldaten, Sklaven, Zwangsarbeiter.

Auf Grund des zuvor Dargelegten halte ich die Vorwürfe gegen meine Arbeitsergebnisse als bürgerlich-idealistisch für wissenschaftlich nicht begründet.

Abschließend zur Parteilichkeit: Verfasser der Dissertationsschrift ist nicht Mitglied der SED, jedoch an der Wahl des Themas der Dissertationsschrift, durch die Untersuchung der Beweggründe der gesellschaftlichen Prozesse so wie an den vorgelegten Ergebnissen ist zu ersehen, daß der Verfasser im Sinne der von der DDR verfolgten weltanschaulichen Konzeption gearbeitet hat.

9.

Ende Januar 1967

Hochverehrter Herr Professor Ratchnevsky,

Mit herzlichem Dank sende ich Ihnen das Manuskript zurück, das mir die Vorbereitung auf die Prüfung sehr erleichtert hat. Am Montag, den 16. Januar 1967 gegen 16 Uhr hat der Herr Dekan (Wirzberger) auf der Fakultätssitzung neben anderen auch mir eine Karte Din A 6 des Inhaltes

Doktorandenbuch Nr. *58* 196*5*

Der Kandidat

Herr Johann Dill

ist heute mit dem Prädikat

cum laude

zum Doktor der Philosophie promoviert worden.

Berlin, den *16. Jan.* 196*7*

Der Dekan
der Philosophischen Fakultät
der Humboldt-Universität zu Berlin

Wirzberger.

(92) Bm G 049-65 05

überreicht, so daß nun auch diese wenig ergötzliche Geschichte in Fortsetzungen ihr Ende gefunden hat. Gaudeamus igitur ....
Hochverehrter Herr Professor, ich wünsche Ihnen alles Gute und verbleibe mit herzlichen Grüßen
Ihr [Johann Dill]

10.

Lieber Dr. Dill,
ich freue mich, daß das Verfahren nunmehr abgeschlossen ist und hoffe,
daß Sie sich von der damit verbundenen seelischen Belastung erholt haben.
Ich weiß nicht, ob Ihnen bekannt ist, daß Prof. Behrsing die Note der
Dissertation von magna cum laude auf rite herabgesetzt hatte. Ich habe
mich darauf geweigert, das Protokoll zu unterschreiben, da ich eine
nachträgliche Änderung der Note für, gelinde gesagt, unzulässig und
rechtswidrig betrachte. Am Freitag vor der Fakultätssitzung wurde der
Fachrichtungsbeirat einberufen, ein Punkt der Tagesordnung betraf Ihr
Verfahren. Leider, oder vielleicht zum Glück, hatte ich einen wunden Fuß
und konnte weder zu dieser noch zur Fakultätssitzung gehen. Wie ich aus
der Doktorandenliste entnommen habe, hat Behrsing die Note auf «gut»
cum laude geändert. Unter den gegebenen Umständen lohnte es sich nicht,
die Sache wieder aufzuwerfen. Blamabel war ja das Verfahren von Anfang
bis Ende.
Mit herzlichen Grüßen, auch an Ihre Gattin,
Ratchnevsky

11.
Erkner, Ende Januar 1967

Hochverehrter Herr Professor Hoffmann[118],

[...]
Wenn ich Ihnen jetzt von hier berichten darf, so muß ich sagen, daß sich
recht viel ereignet hat: am 17.12.1965 habe ich meine Dissertationsschrift
öffentlich verteidigt durch Vortrag über Anliegen, Methoden, Ergebnisse
u.s.w. und mit anschließender Beantwortung der an mich gerichteten
Fragen. Ich habe sie alle beantwortet. Einige der Anwesenden haben
festgestellt, daß in meiner Arbeit die Parteilichkeit fehlt, daß ich ängstlich
bemüht gewesen bin, Ausdrücke wie «Ausbeutung, Unterjochung» u.a. zu
vermeiden. Nun, ich habe auch darauf geantwortet, bis man nach vier
Stunden sich zur Beratung zurückzog und dann etwa folgendes verkündete:
weil viele Probleme nicht hätten zuende diskutiert werden können, müsse
die Verteidigung fortgesetzt werden. Ja, ich habe dann u.a. erfahren, daß
auch der 2. Gutachter (Prof. Behrsing) die Arbeit mit magna cum laude
[bewertet] hatte, daß aber große Aussicht bestand, daß die Fortsetzung der
Verteidigung nicht zu einem positiven Ergebnis führen würde. Auf einer
Institutsversammlung des Instituts für Orientforschung an der Deutschen
Akademie der Wissenschaften wurde meine Arbeit als «bürgerlich-idealistisch» bezeichnet und es wurden alle aufgefordert, der Fortsetzung der
Verteidigung beizuwohnen, um den Kampf der verschiedenen Schulen
beobachten zu können. Da wurde mir denn klar, daß in dem munteren
Jagen mir die Rolle des Hasen zuteil ward. Aber auch die harmlosen Tiere
des Waldes finden manchmal in Not und Pein Unterschlupf; eine
Dienststelle suchte gerade einen Mitarbeiter, Frau Keller machte mich
darauf aufmerksam, ich bewarb mich also, legte klipp und klar dar, wie es
mir ergangen war und legte meine Dissertationsschrift vor – man wurde
aufmerksam, man forschte nach, man stellte Widersprüche fest, man stellte
mich ein und unterstützte mich nach Kräften, und am 2. November 1966
kam es schließlich zur Fortsetzung der Verteidigung: nach eineinhalb
Stunden stand ein Professor [Walter Ruben, Akademiemitglied] auf und
sagte, er hätte die Dissertationsschrift nicht gelesen, er werde sie auch nicht
lesen und er wolle sie auch nicht lesen, er kenne aber den Doktoranden seit
13 Jahren und wolle die Frage stellen, ob solch ein Kandidat überhaupt an
der Humboldt-Universität promovieren könne? (Dieses Akademiemitglied
hatte bereits bei der ersten Verteidigung, nachdem er vorausgeschickt hatte,
daß er nichts von der Sache verstehe und die Arbeit auch nicht gelesen
habe, erklärt, er hätte weder den Thesen, noch meinem Vortrag, noch
irgendeinem meiner Worte irgendetwas entnehmen können). Ich habe bei
diesem Ausspruch innerlich herzlich gelacht und so bei mir gedacht «O

---

118   Alfred Hoffmann (1911–1997), 1964–1976 Ordinarius für Sinologie an der Ruhr-Universität
       Bochum. Vgl. H. Walravens: Sinologie in Köln. Berlin: Staatsbibliothek 2017; Helmut
       Martin, Peter Merker: *Der Sinologe Alfred Hoffmann (1911–1977). Zwei biographische
       Beiträge. Bochum* 1998. 50 S. (Cathay Skripten 8/9.)

sancta simplicitas». Dieser Stoß wurde pariert von einem aufrechten Mann, in dessen Institut ich nun arbeite und nach drei Stunden insgesamt wurde schließlich die 2. Verteidigung als erfolgreich abgeschlossen erklärt. Man gratulierte mir. Am 14.12. war das Rigorosum – es verlief äußerlich glatt, man gratuliert wieder, nun wurde das Verfahren als erfolgreich abgeschlossen erklärt, nur die Endnote könne man mir noch nicht mitteilen, darüber müßte noch höheren Ortes befunden werden. Am 16.1.1967 bin ich dann mit anderen Kandidaten von der Fakultät mit cum laude promoviert worden.

Lieber Herr Professor Hoffmann, über Ihre Einladung zu einem Gastvortrag habe ich mich sehr gefreut, ich würde Ihnen gerne etwas über meine Untersuchungsergebnisse vortragen, aber das geht nun halt nicht, Sinologie betreibe ich nun nach Feierabend, mit viel Vergnügen und innerer Freude, und wenn Sie mal nach Berlin kommen, würde ich gerne mit Ihnen über meine Arbeit sprechen.
[…]

12.
Udo Barkmann[119], in: Erinnerungen an den Nestor der ostdeutschen Mongolistik, P. Ratchnevsky (*Asien, Afrika, Lateinamerika* 22.1994, 595–617) hat das Promotionsverfahren kurz geschildert:

«Die Erfahrung, daß man sich mit Ratchnevsky nicht direkt auseinandersetzen konnte, seine Emeritierung und auch die Tatsache, daß er keine Staatsbürgerschaft der DDR besaß, boten wenig Ansatzpunkte, bewirkte, daß man sich seinem engsten Mitarbeiter J. Dill «widmete»».

Ratchnevsky hatte Dill bereits vor Jahren aus dem Kreuzfeuer an der Universität genommen, in dem er ihn an die Akademie versetzen ließ. Dort arbeitete Dill an seiner Dissertation zum Thema *Untersuchungen zu Charakter und Struktur der gegen die ‚öffentliche Ordnung‘ verstoßenden Bewegung des Zeitraums 1–33 u.Z. in China* sowie unter seiner Leitung und zusammen mit D. Heyde am *Historisch-terminologischen Wörterbuch der Yuan-Zeit*. Als Dill am 17.12.1965 seine Dissertation am Ostasiatischen Institut der Humboldt-Universität öffentlich verteidigte, hatte Ratchnevsky den Vorsitz der Promotionskommission inne. Die Verteidigung geriet jedoch zur politischen Auseinandersetzung, die vor allem von den Professoren S. Behrsing und W. Ruben geführt wurde. Sie eskalierte dermaßen, daß Ratchnevsky während der Verteidigung den Vorsitz mit den Worten «Hier wird mit zweierlei Maß gemessen!» niederlegte. Behrsing und Ruben warfen dem Promovenden mangelnde «Parteilichkeit» vor und bemängelten, daß Wörter wie «Ausbeutung, Unterjochung» nicht in der Dissertation vorkamen. Die Verteidigung wurde nach vier Stunden als noch nicht abgeschlossen betrachtet. Es wurde ein zweiter nichtöffentlicher Verteidigungstermin für den 2.11.1966 anberaumt. Ratchnevsky wurde von

---

119 Udo Barkmann (1955–), Mongolist, war von 2001 bis 2013 DAAD-Gastprofessor an der National University of Mongolia. Vgl. Bibliography of Mongol studies written by Udo G. Barkmann. *PIAC Newsletter* 27.2002, 14–16.

den Professoren Ruben und Behrsing aufgefordert, der zweiten
«Verteidigung» beizuwohnen. Schriftlich teilte er seine Ablehnung mit. Er
schrieb: «Wie ich zu Protokoll gegeben habe, betrachte ich die öffentliche
Verteidigung der Dissertation *Untersuchungen zu Charakter und Struktur*
... von Herrn Dill als gelungen und sehe deshalb keine Veranlassung, mich
an einer «Fortsetzung» der öffentlichen Verteidigung zu beteiligen.» Hinter
den Kulissen hatte Behrsing inzwischen als Gutachter sein Prädikat um
mehrere Stufen herabgesetzt und den Plan gefaßt, Dill im Rigoro-
sum/Philosophie durchfallen zu lassen. Es ist dem Wirken des damaligen
Dienstvorgesetzten Dills, E. Wirkner, einem Kommunisten alter Schule, zu
danken, daß die Pläne nicht verwirklicht wurden. Dennoch erst zwei Jahre
später wurde Dill von der Sekretärin des Ostasiatischen Instituts die
Doktorurkunde ausgehändigt. Ratchnevsky schrieb nach dem Abschluß des
Verfahrens an Dill: «... ich freue mich, daß das Verfahren nunmehr
abgeschlossen ist, und hoffe, daß Sie sich von der damit verbundenen
seelischen Belastung erholt haben. Ich weiß nicht, ob Ihnen bekannt ist,
daß Prof. Behrsing die Note der Dissertation von magna cum laude auf rite
herabgesetzt hatte. Ich habe mich darauf geweigert, das Protokoll zu
unterschreiben, da ich eine nachträgliche Änderung der Note für, gelinde
gesagt, unzulässig und rechtswidrig betrachte. Wie ich aus der
Doktorandenliste entnommen habe, hat Behrsing die Note auf «gut» cum
laude geändert. Unter den gegebenen Umständen lohnt es sich nicht, die
Sache wieder aufzuwerfen. Blamabel war ja das Verfahren von Anfang bis
Ende ...».

Wenn auch Dill das eigentliche Opfer der politischen Intrigen war, so
war doch Ratchnevsky gemeint. Er reagierte mit großer Bitterkeit und zog
Konsequenzen. Für Ratchnevsky hieß dies vor allem, sich nicht mehr zu
engagieren, sich in sich zurückzuziehen und in die Welt der Bücher
zurückzukehren.»

Soweit Herr Barkmann.

13.

Die Philosophische Fakultät

der

Humboldt-Universität zu Berlin

verleiht

unter dem Rektorat des Professors mit Lehrstuhl
für Politische und Ökonomische Geographie

Dr. rer. pol. habil. Heinz Sanke

und unter dem Dekanat des Professors mit Lehrstuhl für Amerikanistik

Dr. phil. habil. Karl-Heinz Wirzberger

Herrn Johann Dill

aus Berlin

den Grad eines Doktors der Philosophie.

Die Gesamtnote der Prüfung ist »cum laude« (gut)

Die vorgelegte Schrift

„Untersuchungen zu Charakter und Struktur der gegen die »Öffentliche Ordnung« verstoßenden Bewegungen des Zeitraums 1-33 u.Z. in China"

wurde als »gut« befunden

Die mündliche Prüfung umfaßte:

Klassisches Chinesisch, Mongolistik

Berlin, den 16. Januar 1967

Der Dekan

Der Rektor

14.
Prof. Dr. Eiichi Yasui[120]
Komatsuji 953–4, 485-0828 Komaki, Japan
E-mail: fxp32724@mopera.ne.jp

Herrn Dr. Johannes Dill
Eichelgarten 26
15537 Erkner
Germany ドイツ

Komaki, den 21.02.2002

Ein Stasi-Bericht über uns

Lieber Herr Dr. Dill,
20, nein wohl 30 Jahre dürften schon her sein, seit ich in Begleitung von Herrn Prof. Otsuki bei Ihnen in Erkner war. Und 13 Jahre seit meiner

---

120   Eiichi Yasui 安井栄一 (1936–) wirkte von 1960 bis 1987 als Lektor für Japanisch an der Humboldt-Universität, dann von 1991–2006 an der Nagoya Keizai Daigaku.

«Republikflucht» im April 1989. Deshalb weiß ich nicht, ob Ihre Adresse noch stimmt und dieses Schreiben Sie erreichen wird.

Diesem Brief wird ein IM-Bericht vom 13.3.1981 beigelegt, weil Sie, ich und einige unserer gemeinsamen Bekannten als «reaktionäre Halunken» darin vorkommen. der Bericht wurde mir von der BStU übersandt. Sie gab mir gleich die Klarnamen der Inoffiziellen Mitarbeiter, die den Bericht an den Staatssicherheitsdienst abgegeben hatten, nachgeliefert:

(1)   Dr. Ralf-Dietrich Jung alias «Andreas Leverkühn»
             Geboren in Berlin am 11.10.1931

(2)   Michael Eckardt alias «Peter Keller»
             Geboren in Meiningen am 24.11.1954

Ralf-Dietrich Jung will 1960/61 Parteisekretär der damals noch nicht gegründeten Sektion Asienwissenschaften gewesen sein. jedoch ist mir weder der Jung noch der Eckardt erinnerlich. Deshalb meine Frage an Sie, ob Sie mir hier bitte helfen möchten.

Was ich wissen möchte, ist, was für Wissensgebiete die beiden eigen nannten, ob sie etwas publizierten, ob sie noch wissenschaftlich produktiv sind. Die Frage beschäftigt mich, weil ich nicht ergründen kann, warum der «Leverkühn» solch einen blöden Bericht ablieferte, bei dem so viele Unstimmigkeiten zusammenkommen, daß ich unwillkürlich an den berühmten Sender Eriwan denken muß.

Es würde mich freuen, wenn Sie dies mein Ansinnen nicht allzu übelnehmen und mich zumindest würden wissen lassen, daß es Ihnen im Eichelgarten wohl ergeht.
Mit freundlichem Gruß
Ihr 安井栄一

15.
Das folgende Dokument befindet sich in der Behörde des BStU (Der Bundesbeauftragte für die Unterlagen des Staatssicherheitsdienstes der ehemaligen Deutschen Demokratischen Republik) im Bundesarchiv:
BV-Berlin
             Berlin, den 13.3.1981

Information zum Treff mit dem Helfer «Andreas Leverkühn» am 11.3. in der KW «Boot» zu dem japanischen Staatsbürger
Yasui Eijchi,
wissenschaftlicher Mitarbeiter am Bereich Ostasien (Japanologie) der Sektion Asienwissenschaften der HUB

Der Helfer bezeichnete E. als einen großen Streber, Karrieristen und Intriganten, der mit allen Mitteln versucht, «nach oben zu kommen» und dabei «über Leichen geht».

E. nutzt jede sich am Bereich und in der Sektion bietende Möglichkeit (z.B. Spannungen und Auseinandersetzungen zwischen Mitarbeitern sowie Unzulänglichkeiten in der staatlichen und gesellschaftlichen Leitungstätigkeit), um durch Intrigen, Heuchelei und Schmeichelei einen persönlichen Vorteil für sich zu erreichen.

Der Helfer gab an, daß E. ihn 1960/61, zu dieser Zeit war der Helfer der Parteisekretär der Sektion um Unterstützung bei seiner wissenschaftlichen Karriere bat, da E. der Meinung war, daß ihn der damalige Bereichsleiter, Gen. Mehnert bewußt in seiner Entwicklung behinderte. Als Entgegenkommen bot E. dem Helfer entsprechende Gegenleistungen an. Da der Helfer auf diesen Vorschlag nicht einging, verhält sich E. seit dem gegenüber dem Helfer sehr reserviert und zurückhaltend.

Nach Einschätzung des Helfers hat es E. mit den Jahren gelernt, immer geschickter und nicht so offensichtlich sein Ziel zu verfolgen.

Dabei versucht er immer wieder besonders die weiblichen Mitarbeiter am Bereich zu beeinflussen und für sich zu gewinnen. er war z.B. nach Meinung des Helfers mit Frau Helga Silberstein[121] liiert.

In der Frage des größeren Ansehens und Einflusses am Bereich besteht zwischen Frau Saito-Berndt und E. eine Art «Machtkampf». In diese Auseinandersetzungen greift Jürgen Berndt[122], Ehemann von S.-B., nicht ein, denn nach Ansicht des Helfers besteht zwischen B. und W. auf Grund der gemeinsamen Entwicklung am Bereich ein gutes Verhältnis.

Weiter schätzte der Helfer ein, daß E. arrogant und überheblich auftritt. So behauptete er z.B., daß er allein an der Sektion eine marxistische Interpretation der japanischen Verhältnisse geben kann. Seine wissenschaftlichen und politischen Probleme führt E. auf die nationalen Tendenzen der KP Japans zurück.

Zu den Anfangsjahren von E. an der HUB machte der Helfer folgende Angaben:

E., der vermutlich aus der japanischen Gewerkschaftsbewegung kommt und sich selbst als Marxist bezeichnet, kam in den 50-er Jahren an die HUB. Zu dieser Zeit wirkten an der HUB auf dem Gebiet der Asienwissenschaften u.a. die Professoren Zachert[123] und Ratchnevsky sowie Dr. Dill.

Z., der schon verstorben ist, lebte in Westberlin und hatte an der HUB einen Lehrstuhl.

R. emigrierte nach der Oktoberrevolution zusammen mit seinen Eltern aus der Sowjetunion nach Deutschland.

D., der R.s Schüler an der HUB war, lebte nach dem 2. Weltkrieg einige Zeit in der SU, weil sein Vater als Physiker/Chemiker dort Wiedergutmachung leistete.

D. arbeitet heute als Leiter der Afrika/Asien-Abteilung in der Bibliothek der HUB.

---

121 Helga Silberstein, Japanologin; sie verfaßte mit SAITÔ Eiko einen *Grundkurs der modernen japanischen Sprache.*
122 Jürgen Berndt (1933–1993), Japanologe und Übersetzer; 1963 Promotion in Japanologie an der Humboldt-Universität; 1964 wurde er kommissarischer Leiter der Abteilung Japanologie am Ostasiatischen Institut. 1979 wurde er Ordinarius. Er ist besonders durch seine zahlreichen Übersetzungen japanischer Literatur bekannt.
123 Herbert Zachert (1908–1980), Japanologe; nach dem Weltkrieg aus Japan repatriiert, wurde er 1949 Professor an der Humboldt-Universität, von wo 1959 zur Universität Bonn wechselte.

Alle drei bezeichnete der Helfer als «reaktionäre Halunken», wobei besonders R. und D. auf Grund ihrer Erziehung und Vergangenheit antisowjetisch auftraten. Sie arbeiteten gegen Gen. Mehnert[124], der damals vom Ministerium zur Klärung der Probleme als Bereichsleiter für die Asienwissenschaft eingesetzt wurde, und es kam wiederholt zu harten politischen Auseinandersetzungen.

Nach Meinung des Helfers kam E. hauptsächlich auf Veranlassung von Z., R. und D. an die HUB. Er stand von Anfang an unter ihrem Einfluß, wie übrigens auch J. Berndt, und auf ihrer Seite.

Der Helfer schätzt ein, daß E. dadurch in dieser Zeit viele Kontakte nach Westberlin und in die BRD entwickelte, die durchaus auch heute noch bestehen könnten. Näheres dazu ist dem Helfer nicht bekannt.

Am Bereich Ostasien (Japanologie) ist E. neben Lehrveranstaltungen zur japanischen Geschichte hauptsächlich im Japanisch-Sprachunterricht eingesetzt. So leitete er u.a. auch an der TU Dresden einen Sprachlehrgang Japanisch für Naturwissenschaftler und Techniker der DDR.

In der wissenschaftlichen Arbeit spezialisierte sich E. auf die japanische Sprache in Technik und Wissenschaft und vollbringt auf diesem Gebiet nach Angabe des Helfers eine große wissenschaftliche Leistung (z.B. Wörterbuchprojekt Technisches Japanisch).

E. wird sehr oft als Dolmetscher eingesetzt und verfügt deshalb zu vielen offiziellen Stellen in der DDR (z.B. Staatsrat, Bundesvorstand des FDGB und Gewerkschaftsschule in Bernau) über gute Beziehungen.

Nach Einschätzung des Helfers hat E. auf Grund seiner umfangreichen und langjährigen Tätigkeit sehr viele Kontakte in der DDR, die dem Helfer aber nicht näher bekannt sind, und er kennt sich in den verschiedensten gesellschaftlichen Bereichen der DDR sehr gut aus.
P. Keller

16.
Prof. Dr. Akira Tone
Uchikubo 61-1, Japan 484-8504

Herrn Dr. Ralf-Dietrich Jung
Metzer Str. 36
D-10405 Berlin (Pre)
Germany

den 08.03.2002

Ein Stasi-Bericht über den Japaner Eiichi Yasui

Sehr geehrter Herr Kollege,
meine zeitgeschichtliche Forschungsgruppe beschäftigt sich mit den bisher erschlossenen Stasi-Unterlagen über japanische Staatsbürger, die sich seinerzeit in der DDR aufgehalten hatten.

---

124   Gerhard Mehnert (1914–1983), Japanologe und Medienwissenschaftler. Er promovierte 1948 und arbeitete als Redakteur. 1959 wurde er Ordinarius für Japanologie an der Humboldt-Universität. https://www.kommunismusgeschichte.de/article/detail/mehnert-gerhard

Im Aktenkonvolut über Dr. Eiichi YASUI, der 30 Jahre in Berlin gelebt und 27 Jahre für die Japanologie an der Humboldt-Universität gearbeitet hatte, fanden wir unlängst einen Bericht, der von einem einstigen Parteisekretär der Sektion Asienwissenschaften erstattet wurde. Sein Deckname lautet «Andreas Leverkühn», der mit Klarnamen laut offizieller Mitteilung der BStU Dr. Ralf-Dietrich Jung heißt und in Berlin am 11.10.1931 geboren ist. Auch er ist Indologe und war dem Vernehmen nach ein eng[er] Vertrauter des Herrn Prof. Ruben.

Da wir von mehreren Seiten auf Sie hingewiesen wurden, gestatten wir uns, Sie in dieser Form anzusprechen und um Klärung der folgenden Fragen zu bitten:

(1)   Liegt hier eine Personenverwechselung vor, die Sie bereit und in der Lage sind, urkundlich zu beweisen?

Falls hier keine Personenverwechselung vorliegt:

(2)   Niedergeschrieben hatte den Bericht ein anderer IM. Sein Klarname lautet Michael Eckardt, geboren in Meiningen am 24.11.1954. Was war dieser Eckardt alias «Peter Keller»? War er ihr Führungsoffizier? Was wissen Sie über ihn?

(3)   Ihr Treff mit «Peter Keller» fand am Mittwoch, d. 11.3.1981 in KW «Boot» statt. Warum hat man Sie zu diesem Zeitpunkt über Herrn Dr. Yasui befragt?

(4)   Und diese Frage interessiert besonders Herrn Dr. Yasui: Wie sind Sie auf Ihren Decknamen «Andreas Leverkühn» gekommen?

Natürlich wissen wir, daß Sie nicht verpflichtet sind, auf unsere Fragen einzugehen. Desto dankbarer würden wir sein, wenn Sie sie trotzdem beantworten möchten. Damit würden Sie uns helfen, die sozialpsychologische Situation in der DDR bzw. an der HUB sowohl um 1960/61 als auch um 1981 besser zu verstehen.

Herr Prof. Yasui hat uns ausdrücklich gebeten, Ihnen mitzuteilen, daß er Ihnen gegenüber, selbst wenn Sie der «Leverkühn» gewesen sein sollten, keinen Groll hege, zumal die «zuständigen Organe» mit dem Leverkühn-Bericht, in dem hinten und vorne nichts stimmt, garantiert nichts Brauchbares hätten anstellen können, so daß Herr Prof. Yasui sich zusammen mit anderen, die im Bericht Erwähnung fanden, über dieses «intelligence work» köstlich amüsiert haben.

Mit freundlichem Gruß
Akira Tone 刀根陽[125]

---

125 Akira TONE 刀根陽, Professor an der Nagoya keizai daigaku. Vgl. dazu Tone: «Andreas Leverkühn» und andere Geschichten oder Japanologisches aus Berlin Ost. *Hikaku bunka kenkyû* 比較文化研究 .2002.3.

17.

Hauptredaktion
für die Literaturen des Ostens
des Verlages «Nauka»

Generaldirektion

29.11.1979

Uns wurde bekannt, daß die Redaktion die Veröffentlichung der Dissertation unseres wissenschaftlichen Mitarbeiters der Asien-Afrika-Abteilung der Deutschen Staatsbibliothek, Dr. Johann Dill, «Untersuchungen zu Charakter und Struktur der gegen die ‚Öffentliche Ordnung' verstoßenden Bewegungen des Zeitraums 1–33 u.Z. in China» (Berlin, Humboldt-Universität, 1967), in Erwägung zieht.
Wir unterstützen den Gedanken der Veröffentlichung dieser Arbeit und würden im Falle einer Realisierung dieses Vorhabens der Veröffentlichung zustimmen.

Mit freundlichem Gruß

BR Dr. H. Gittig[126]
Stellvertreter des Generaldirektors

18.

Директору Института востоковедения АН СССР
председателю Секции РИСО АН СССР
ададемику Е. М. Примакову

Генеральная дирекция
17.12.1979 г.

Многоуважаемый товарищ Е. М. Примаков[127],

наш научный сотрудник Немецкой государственной библиотеки д-р Иоганн Дилль, учившийся на китайском отделении Ленинградского государственного университета имени А. А. Жданова, подготовил исследование о народных восстаниях 1 в. н. э. в Китае. Исходя из того что в СССР в последние десятилетия вышел из печати ряд интересных книг по истории древнего Китая, написанных советскими учеными-

---

126   Heinz Gittig (1923–2002), Bibliothekar und Bibliograph, 1954–1988 an der Deutschen Staatsbibliothek tätig, 1977–1988 als Stellvertreter des Generaldirektors. Vgl. Kurt Metschies: *Heinz Gittig (1923–2002)*. In: Günter Benser/Michael Schneider (Hrsg.): *Bewahren – Verbreiten – Aufklären. Archivare, Bibliothekare und Sammler der Quellen der deutschsprachigen Arbeiterbewegung*. Archiv der Sozialen Demokratie der Friedrich-Ebert-Stiftung, Bonn-Bad Godesberg 2009, S. 84–88.

127   Evgenij Maksimovič Primakov (1929–2015), 1969 Promotion (Wirtschaftswissenschaften), 1979 Mitglied der Russ. Akademie der Wissenschaften, 1978–1985 Direktor des Instituts für Orientalistik. Miliband II, 203–204.

китаеведами Л. Переломовым[128], Ю. Кролем[129], М. Крюковым[130], Р. Вяткиным[131], Л. Васильевым[132], Е. Синицыным[133] и другими, и зная, что научные круги и широкая общественность Советского Союза и других социалистических стран проявляют большой интерес к истории Китая и особенно роли народных масс этой страны, мы обращаемся к Вам как председателю РИСО по востоковедческой литературе при АН СССР с просьбой рассмотреть вопрос возможности издания на русском языке работы И. Дилля в Главной редакции восточной литературы издательства «Наука». Работа И. Дилля передана в настоящее время на ознакомление главному редактору Главной редакции восточной литературы товарищу О.К. Дрейеру.

С уважением
д-р Дридхилде Краузе
Генеральный директор

19.

Beischrift von Frau Krause zur positiven Antwort von V. V. Benevolenskij[134] (Institut vostokovedenija) vom 19. Februar 1980:

Dr. Dill
ich gratuliere! Ich mußte allerdings noch nachträglich beweisen können, daß Ihre Arbeit bisher kein Veröffentlichungsinteresse in der DDR gefunden hat.

128 Leonard Sergeevič Perelomov (1928–2018), Sinologe, Promotion 1970. Miliband II, 122–123

129 Jurij L'vovič Krol' (1931–2021), Sinologe, Promotion 1992; wissenschaftlicher Mitarbeiter des Instituts für Orientalistik (St. Petersburg) seit 1992. Spezialist für die Han-Zeit, Übersetzer *des Yantie lun. Miliband I, 722–723.*

130 Michail Vasil'evič Krjukov (1932–2024), Sinologe, Promotion 1972, seit 1965 wiss. Mitarbeiter des Instituts für Ethnologie und Anthropologie der Russ. Akademie der Wissenschaften, 1993–2002 Professor an der Tamkang Universität (Taiwan). Miliband I, 732–733.

131 Rudol'f Vsevolodovič Vjatkin (1910–1995), Sinologe, Übersetzer des *Shiji*; seit 1958 wiss. Mitarbeiter des Instituts für Orientalistik. Vgl. Miliband I, 281–282.

132 Leonid Sergeevič Vasil'ev (1930–2016), Sinologe, Promotion 1974, wiss. Mitarbeiter des Instituts für Orientalistik seit 1956. Miliband I, 227–228.

133 Evgenij Pavlovič Sinicin (1933–2002), Sinologe, wissenschaftlicher Mitarbeiter des Instituts für Orientalistik (1966–1998). Miliband II, 356.

134 Vsevolod Valentinovič Benevolenskij (1922–), Diplomat, 1979–1990 Stellvertr. Direktor des Instituts für Orientalistik in Moskau. Miliband I, 137–138.

20.

ОТЗЫВ
о работе Иоханна Дилля (ГДР)
"Исследование характера и структуры движений,
направленных против "общественного порядка",
в I-33 гг. н.э. в Китае"

В работе И.Дилля исследуются события, происходившие при импе-
раторе Ван Мане (междуцарствие, разделяющее Раннюю и Позднюю династии Хань) и в последующие годы. Приложены переводы относящихся
к теме текстов (из историй обеих династий Хань), различные индексы
и карта. Переводы составляют около половины работы.

Работа состоит из 5 глав (неодинаковых по размеру и заключения.

В первой, очень небольшой главе кратко рассматриваются отно-
шения земельной собственности и экономическое положение Кит.. 140-
-I гг. до н.э.

Вторая глава посвящена классификации антиправительственных
движений эпохи Хань. И.Дилль классифицирует движения по тому, какие
общественные слои они представляли - родственников правящего дома
Лю, богатых, но не занимающих должностей лиц или низшие слои населения.(последние главным образом и интересуют автора). Далее И.Дилль
различает: невооруженное открытое выражение недовольства; воору-
женные выступления против отдельных местных чиновников; заговоры;
восстания, направленные на свержение правительства. Исследуются
термины, которыми обозначаются разные виды движений в китайских
исторических сочинениях.

Тип движения И.Дилль определяет по причинам, вызвавшим его,
и целям, которые оно преследовало.(с.8).

Третья глава посвящена движениям, возглавлявшимся представите-
лями правительственных кругов - членами Ханьского императорского
рода Лю или крупными чиновниками. Целью их могла быть реставрация
Ханьской династии, создание местного государства, независимого от
центральной власти, замена одного императора другим и т.п.

В четвертой главе рассматриваются движения зажиточных слоев общества. Историки называют лиц, возглавлявших их, "знатными", "могу-
щественными", "сильными", "благородными", не объясняя источник их
могущества, силы или высокого положения. И.Дилль считает, что речь
идет о крупных землевладельцах (с.22). Сюда же относятся главы

больших семей или кланов и лица, назначавшие сами себя генералами или царями. Эти движения не были настоящими восстаниями; их вожди преследовали те же цели, что и представители правительственных кругов, или руководствовались личными мотивами, как самозащита, месть, недовольётво конкретными правительственными чиновниками и т.п.

Основную часть работы составляет последняя, пятая глава, где рассматриваются движения низших слоев общества.

В начале этого раздела автор (отходя несколько в сторону от основной темы) исследует два термина, постоянно употребляющиеся в историях для характеристики социального положения участников народных восстаний - ван-мин и бинь-кэ. Первый означает людей, преследовавшихся властями и бежавших, скрывая свое имя. Вторые (буквально "гости") были арендаторами, ремесленниками, мелкими чиновниками и другими лицами низкого социального положения, которые добровольно поступали на службу к богатым покровителям.

И.Дилль относит к движениям низших слоев те, причиной которых было бедственное положение, вызванное социальными причинами, бесчеловечное обращение представителей высших слоев по отношению к зависимым от них лицам или непопулярные правительственные мероприятия (набор войск, увеличение налогов, привлечение к общественным работам). Люди, вынужденные вследствие этих причин бежать из дома, собирались группами и добровольно выдвигали вождей из своей среды. Движение перестает быть движением низших слоев, если вождь ставит себя над интересами рядовых участников, которые из свободных бунтовщиков низводятся на положение простых солдат.

В работе рассматривается 35 случаев движений низших слоев, имевших место между I и 33 гг. н.э. и носивших разный характер. Почти половина их приходится на 24 год (канун восстановления династии Хань).

Только два народных восстания приходятся на начало эры Ван Мана, между тем как на это время приходится 12 заговоров и возглавлявшихся членами императорского дома Лю или высокими чиновниками. Это - время борьбы за власть внутри правящих кругов, народ оставался к ней равнодушным. В №№-20 годах положение коренным образом меняется: для этого периода характерны народные движения совершенно отсутствуют заговоры в правительственных кругах.(с.48-49).

Большое внимание уделяет автор хорошо известному восстанию
Красных бровей. Исследуется социальный состав участников, их чис-
ленность, причины и цели движения,: влияние правительственных ме-
роприятий и стихийных бедствий на положение народа; организация и
власть в повстанческой армии, военная история восстания; связи с
другими движениями; причины поражения.

. Автор отмечает, что отношение Красных бровей к населению было
более человечным, чем отношение правительственных войск. За исключением самого начала восстания в текстах отсутствуют упоминания о
грабежах и тем более убийствах, но приводятся примеры милосердия
по отношению к отдельным людям. Император Гуан'у, отправляя армию
против Красных бровей, вынужден был специально распорядиться, чтобы генералы удерживали войска от грабежей. Однако вскоре после
занятия ~~восставшими~~ восставшими столицы дисци-
плина ~~падает~~ в отрядах Красных бровей падает, насилия над населе-
нием становятся обычным явлением.

Красные брови ни разу не пытались удержать за собой области,
через которые они проходили, или создать свою систему управления
страной. Даже столицу они покинули просто потому, что в ней кончи-
лись запасы пищи. После этого Красные брови без сожаления бросили
город и ушли дальше. В таких условиях поражение восстания в конечном счете было неизбежным.

Восстание Красных бровей было наиболее значительным, но не
единственным крупным народным движением своего времени. И.Дилль
исследует еще 15 восстаний, одновременных ему. Однако сведения о
них рассеяны в разных местах исторических сочинений; только о Красных бровях имеется связный рассказ. Восстания продолжались и после официального восстановления династии Хань.

В заключении изложены кратко основные выводы автора.

Для работы И.Дилля характерно стремление к наиболее полному
охвату материала. Автор не ограничивается событиями, о которых,
как о восстании Красных бровей, имеются легко доступные материалы,
упорядоченные описания; он стремится охватить и все единичные упоминания, рассеянные по разным источникам, классифицировать и обобщить
их. С такой же полнотой изложены и некоторые частные вопросы (термины, встречающиеся в историях, цены на продукты в начале и в конце

царствования Ван Мана, погодные условия и стихийные бедствия в разных районах страны и др.).

К работе приложены переводы переводы важнейших использованных источников. За исключением отрывков из "Истории Ранней Хань", уже переведенных Х.Дабсом, остальные впервые полностью представлены на одном из европейских языков. Помимо текстов, переведенных целиком (биографий из "Истории Поздней Хань"), в перевод включены отрывки из других текстов, имеющие отношение к делу. Эти отрывки приложены в виде комментария к соответствующим местам основных текстов и хорошо их дополняют. В работу включено почти триста таких отрывков разного размера, разбросанных в разных главах ханьских историй и разысканных и собранных ~~авторым~~ И.Диллем.

Приложены также: указатель упоминаемых в тексте географических названий (их точное географическое положение и административный ранг); тематический указатель; индекс к переведенным (полностью или частично) ~~основным~~ текстов. Список литературы включает около 70 названий на китайском, японском, русском и трех западноевропейских языках.

Переводы выполнены с большой тщательностью, написаны хорошим языком, легко читаются и в то же время очень близки к тексту. Слова, отсутствующие в оригинале и добавленные для ясности, заключены в квадратные скобки.

В переводах с древнекитайского языка неизбежно присутствует некоторое количество ошибок или спорных мест. В переводах И.Дилля их немного. Я внимательно сверил с оригиналом около 20-30 страниц перевода (из разных мест); ниже перечислены все места, вызвавшие у меня возражения. (Оговорюсь, что в некоторых случаях я не уверен в своей правоте, в других речь идет скорее о придирках, чем о серьезных поправках).

С.6. 壯其意 : переведено "укрепили ее в ее намерениях". Скорее должно быть: "сочли ее намерения мужественными" (букв. "крепкими"), т.е. прониклись к ней уважением за ее мужество (или крепость духа). Грамматически возможны оба толкования ("сделать крепким", т.е. укрепить, и "считать крепким"), но логика изложения как будто бы исключает первый перевод (ниже сказано "они все согласились ~~помочь ей~~ /помочь ей/" - получалось бы повторение). Ср. также сходное место в другом тексте: 美其意 "похвалил его за /скромность/ намерений", букв. "счел его намерения прекрасными" (с.145); в обоих случаях конструкция используется для выражения одобрения.

14. 或说崇曰:莒父母之国 . Переведено: "Кто-то сказал /Фань/ Чуну: "Цзюй - родина твоего отца и твоей матери. ..." Скорее: "ваше родное княжество", "ваша родина". О Фань Чуне в истории не сказано, чтобы он был родом из Цзюй, но восстание началось именно там, поэтому речь идет скорее не о самом Фань Чуне, а о всей его армии.

Слово 说 , когда этот глагол управляет одушевленным существительным, значит ши скорее не просто "сказал", а "уговаривал" (говорящий дает совет, настаивает на каком-то образе действий). Разумеется, перевод "сказал" всегда возможен, но при этом утрачиваются некоторые оттенки оригинала.

16. 乃逐亡归其营 : переведено "поскольку это было бы их гибелью, они вернулись в свой лагерь". Должно быть: "тогда вследствие этого/они/бежали и вернулись в свой лагерь".

21. 名为群贼,不可以久 : переведено "пройдет не много времени, и вас будут называть бандой разбойников". Должно быть: "/вы/ по названию - банда разбойников (или: ~~~~~~~~~ "/ваше/ название - банда разбойников"). /Так вы/ не сможете долго просуществовать".

Там же: 鬼神 "дух короля Цзина"; но 鬼神 - это собирательное понятие, поэтому должно быть "(добрые и злые) духи", несмотря на контекст.

69. 遂让不受 . Переведено: "/Гэнши/ разрешил /ему/ не принимать /титул царя/." Однако 让 в древности не имело еще значения "разрешил". Должно быть: "/Он/отказался от /титула царя/ и не принял его", несмотря на тавтологию.

70. В переводе: "Каждый раз, когда она составляла компанию императору, когда он пил, она видела, что "постоянно прислуживающий" делал доклад императору. Однажды она вдруг разгневалась..." Мне кажется: "Она всегда прислуживала (=составляла компанию) императору, когда он пил. /Однажды/, увидя, что..." Так мне кажется; но обосновать свой вариант я не могу.

Кстати, "порвать" докладную записку она не могла - бумага еще не была изобретена. (В оригинале - "ударила и разбила" дощечку.)

72-73. 贼寇始诛 : переведено "разбойники и воры начинают отрубать головы /своим противникам/". Должно быть: "разбойники и воры (имеется в виду власть Ван Мана) только что казнены."

73. 三公 и 九卿 - это и названия должностей, и названия со-звездий; но если "сань гун" переведено как "три высокопоставленных", то и "цзю цин", видимо, значит "девять министров", а не "/созвез-дие/ девяти министорв" (отрывок по содержанию мистический, поэтому контекст не помогает определить значение).

144. 斟酌 в контексте пира надо, вероятно, понимать буквально - "разливал вино", "угощал гостей", а не "сравнивал".

145. 从击 , вероятно, значит не "преследовал и напал", а "присоединился к нему (к Ши-цзу) и напал"; это лучше соответствует обычному значению слова 从).

146. 身秋甲 : переведено "его тело было защищено панцирем". Вероятно надо: "Он лично, надев панцирь (и держа в руках трезубец, напал...)". Автор хотел подчеркнуть, что Ма У непосредственно уча-ствовал в бою как простой солдат.

Есть некоторые случайные ошибки - видимо, результат недосмотра. На с.24 сказано: "но не умел ни читать, ни писать".В оригинале: "не умел писать и считать". (書数). На с.25 перепутаны "Левый" и "Правий" полководцы.

Я не уверен, что "чэнсян" можно переводить как "вицеканцлер": тогда какая же должность должна переводиться как просто "канцлер"? (во многих местах работы).

Это ~~(не)~~ полный перечень моих замечаний к переводу в пределах просмотренных страниц.

В целом работа И.Дилля посвящена важной теме, написана на высоком научном уровне, характеризуется полнотой охвата материала и широкой эрудицией автора; содержит переводы важных текстов, до сих пор не переводившихся на европейские языки. Весьма желательно было бы издать книгу И.Дилля в переводе на русский язык, чтобы сделать его исследование доступным советским и иностранным ученым.

канд.филол.наук,   доцент   (С.Е.Яхонтов)

25.I.81

Подпись руки доц. С.Е. Яхонтова
Заверяю
зам. декана
факультета /О.Рыбин/
26.0?.81.

Zitate aus der Besprechung:

«Die Übersetzung ist mit großer Sorgfalt durchgeführt, in guter Sprache verfaßt, liest sich leicht und ist dabei sehr textnahe. Wörter, die im Original fehlen und der Deutlichkeit halber hinzugefügt worden sind, stehen in eckigen Klammern.»

«Insgesamt ist die Arbeit von J. Dill einem wichtigen Thema gewidmet und auf hohem Niveau geschrieben. Sie ist gekennzeichnet durch umfassende Fülle des Materials und fundierte Kenntnisse des Verfassers. Die Arbeit enthält die Übersetzung wichtiger Texte, die bisher nicht in europäischen Sprachen vorliegen. Es wäre sehr wünschenswert, das Buch von J. Dill in russischer Übersetzung zu veröffentlichen. um seine Untersuchungen

sowjetischen und ausländischen Gelehrten zugänglich zu machen.
25.1.81   Kandidat der philologischen Wissenschaften, Dozent S. E.
Jachontov»[135]

21.

Отзыв на работу Иоханна Дилля (ГДР) "Исследование характера и
структуры движений, нарушавших "общественный порядок" в Китае
в период I-33 гг. н. э. Объем приблизительно 2I п. л.

Рецензируемая книга является текстом кандидатской диссерта-
ции, одобренной философским факультетом Университета Гумбольдта
и защищенной в I967 г. Рецензентами-оппонентами были известные
ГДР'овские китаеведы П. Рачневски и З. Берзинг. Работа состоит из
трех частей: I. исследовательского текста (I2I страниц помеченных
римскими цифрами); 2. переводов древнекитайских текстов, касаю-
щихся исследуемой темы, на немецкий – самого И. Дилля и на анг-
лийский – выполненных Х. Дабсом и некоторыми другими западными
учеными; 3. приложений. Объем второй и третьей частей 242 стр.,
так что общий объем книги приблизительно составляет 2I лист.

Первая часть озаглавлена так же, как и книга в целом. Она
несколько аморфна по конструкции и, строго говоря, не разделена
на главы. Имеются, однако, весьма неодинаковые по размеру, но
несколько схожие по плану изложения материала, и снабженные наз-
ваниями разделы. Эта часть начинается своего рода введением, в
котором автор сначала поясняет замысел своей работы: исследовать
события периодов I-23 гг. и 23-33 гг., когда центральное прави-
тельство находилось в состоянии кризиса или упадка, а затем
вкратце рисует политическую и экономическую ситуацию предшеству-
ющего времени и на этой основе проводит классификацию движений,
в согласии с которой он в принципе строит свои дальнейшие рассуж-
дения.

Первую группу составляют 33 движения, осуществлявшиеся
людьми из правительственных кругов. Ей посвящен первый раздел
работы (с. 9-2I). Автор указывает даты этих событий, рисует

135   Sergej Evgeńevič Jachontov (1926–2018), Linguist und Sinologe, lehrte seit 1954 an der
Leningrader Staatsuniversität. Vgl. Alain Peyraube: Sergei Evgenyevich Yakhontov
(1926–2018). *Journal of Chinese Linguistics.* 40(1) 2019, 315–320.

внутриполитическое положение в стране, рассматривает причины и
цели движений, действующие группировки и т. п.

Вторая группа - 57 движений представителей зажиточных, но
не занимающих чиновничьих постов, слоев населения (с. 21-35).
Автор поясняет критерии (термины), по которым он определил при-
надлежность людей к данной группе, сообщает временные границы
движений, их причины и цели, дает их характеристику и т. п.

Самое большое место в книге (с. 35-III) занимают проблемы
движений низших слоев населения. Это обстоятельство, по-видимому
и вызвало несколько иное построение данного раздела по сравнению
с предшествующими. И. Дилль начинает и здесь с анализа термино-
логических вопросов: 28 терминов, разделенных на 3 категории плюс
два термина, которым он уделяет особое внимание, а именно: ван=
мин и бинь=кэ. Проанализировав движения, имевшие место во 2-17 г
н. э., Дилль переходит затем к детальному исследованию восстания
"краснобровых" - одного из самых крупных и сравнительно хорошо
известных движений простого народа того времени. Далее рассматри
ваются действия 15 малоизвестных взбунтовавшихся групп, а также
кратко, на наш взгляд - слишком кратко, если учесть, что именно
данное движение привело к падению Ван Мана, излагается восстание
сяцзяней, синьши и пиньлиней, которых автор почему-то не объеди-
няет общим названием "жители Зеленых лесов", принятом в китайско
и советской синологии, хотя сам термин "Люлинь" ("Зеленые леса")
он подвергает разбору. Данный раздел заканчивается сжатым изложе
нием событий, связанных с действиями ряда мелких, разрозненных и
малоизвестных групп, созданных бродячим людом, прорицателями и
т. п., а также кратким заключением (с. II2-II7), в котором автор
~~формулист~~ формулирует свои основные выводы. Некоторые из них,
например, что в конечном результате ни одно движение не достигло

прочного успеха, представляются спорными.

Вторая часть книги, озаглавленная "Собрание материалов", содержит переводы фрагментов из "Цянь-Хань шу" и "Хоу-Хань шу" касающиеся затронутых в монографии проблем. На наш взгляд она представляет значительную ценность, несмотря на то, что англий ские куски отобраны из перевода X. Дабса "Истории династии Хан поскольку поиск соответствующих пассажей даже у Дабса, а тем более в оригинальных источниках кропотливое дело, отнимающее большое количество времени. Что же касается перевода с древне- китайского – то это тем более тяжелый, неблагодарный и сложный труд, с которым способен справиться далеко не всякий исследова тель. Здесь же потенциальный читатель получит старательно сдел ную подборку текстов, разбросанных в двух крупных, не переведе ных на русский язык, древнекитайских источников. Переводы выпо нены достаточно тщательно, снабжены комментариями-примечаниями разделены на группы, в согласии с довольно логичным и ясным пл ном.

Третья часть монографии, "Приложения" (с. 179-241), в ко рую по сути дела следовало бы включить и список "Производствен центры периода Хань", ныне находящийся в составе "Собрания мат риалов" (с. 174-178), охватывает индекс встречающихся в тексте географических названий с указанием их местонахождения; список переведенных фрагментов древнекитайских источников; общий указ. тель; список сокращений вместе с библиографией; биографию авто Отдельно приложена фотокопия малочитабельной карты Китая с обо начениями районов действий повстанцев, экономическими центрами т. п.

Общие наблюдения и выводы. Книга И. Дилля посвящена изучению ряда важных проблем одного из переломных периодов древней истории Китая. В ней, на основе данных первоисточников исследованы специальные движения, в совокупности вызвавшие серьезные социальные и политические изменения. При этом автор не ограничился рассмотрением лишь тех из них, которые, как краснобровые, уже известны и описаны в литературе, и изучением явлений, лежавших как бы на поверхности событий. Он обратил внимание и на многие мелкие, разрозненные восстания, которые в отдельности не сыграли сколь-нибудь существенной роли в судьбах ханьского Китая и которые обычно остаются вне поля зрения исследователей. Между тем их совокупная роль была не столь уж незначительной и картина исторического развития Китая в начале нашей эры, в которой отсутствуют сведения о них не может считаться полной и научно удовлетворительной. Кроме того И. Дилль постарался в своем исследовании отразить ход исторических событий более скрупулезно, детально и исчерпывающе, чем это обычно делается в соответствующих работах. В силу указанных причин, а также учитывая факт, что среди советских китаеведов, насколько нам известно, никто не занимается и не собирается заниматься данной тематикой в обозримом будущем, монография И. Дилля представляет интерес и может быть переведена на русский язык.

Некоторые замечания и рекомендации. Несмотря на общую положительную оценку работы представляется необходимым указать на ряд моментов, которые желательно было бы учесть при подготовке русского издания.

Прежде всего, как указывалось, монография защищалась в начале 1967 г., т. е. она писалась приблизительно 15—20 лет тому назад. Поскольку это работа по древней истории, то прошедшие годы не обесценили её. И все же хотелось бы, чтобы автор внимательно прочел свой текст с целью выяснить, не захочет ли он внести в него кое-что из того, к чему пришла наука за последние 20 лет.

С этим замечанием тесно связано следующее пожелание. Монография базируется на сравнительно небольшой библиографии: 27 работ и источников на китайском, 6 на японском и 36 на европейских (среди них только две на русском) языках. Представляется, что существует возможность расширить этот базис (например, среди источников: Шо-вэнь цзе-цзы, среди литературы: работы М. Лои и Цюй Тун-цзу). Причем имеется в виду, конечно, не простое удлинение - списка литературы, а её действительное отражение в тексте. Это можно сделать при помощи соответствующих вставок, либо в форме написания отдельной главы (из биографии автора следует, что он учился в СССР, так что, вероятно, он мог бы сделать это сразу по= русски), либо, лучше, используя обе формы.

Как отмечалось, монография имеет нечто вроде введения. Необходимо снабдить её настоящим введением, в котором сжато, но достаточно выразительно должен быть нарисован исторический фон рассматриваемых событий и процессов, показана цепь причин, приведших к падению Западной династии Хань и воцарению Ван Мана, т. е. дана общая картина исторического развития Китая эпохи Хань.

Надо также ликвидировать некоторую аморфность конструкции работы, выделить в ней более или менее уравновешенные главы (всё, что в настоящее время предшествует "Движениям низших слоев общества" могло бы, вероятно, быть объединено в одну главу), ввести сплошную пагинацию, кодовую систему литературы и т. п. и т. д.

Весьма существенным является также подбор квалифицированного переводчика (лучше всего, конечно, китаеведа) и, в ещё большей

Die folgende Seite fehlt im Dossier. Es handelt sich dabei vermutlich im Wesentlichen um die Zusammenfassung, die Dill ins Deutsche übersetzt hat; s. nächste Seite.

Allgemeine Betrachtungen und Schlußfolgerungen

Das Buch von J. Dill ist dem Studium einer Reihe von wichtigen Problemen einer der Umbruchperioden in der Geschichte des alten China gewidmet. In dem Buch sind auf der Grundlage vorhandener Originalquellen spezifische Bewegungen untersucht worden, die n ihrer Gesamtheit ernsthafte soziale und politische Veränderungen hervorgerufen haben. Der Autor beschränkt sich dabei nicht nur auf solche, die wie die «Roten Augenbrauen» schon bekannt und in der Literatur beschrieben sind, beschränkt sich nicht auf die Untersuchung von Erscheinungen, die gewissermaßen auf der Oberfläche liegen. Er lenkt die Aufmerksamkeit auch auf viele kleine Aufstände verschiedenster Art, die einzeln gesehen keine wesentliche Rolle für das Schicksal des hanzeitlichen China gespielt haben und gewöhnlich nicht in das Blickfeld der Forscher einbezogen werden, während doch ihre Rolle in Ihrer Gesamtheit betrachtet gar nicht so bedeutungslos ist und daher das Bild der historischen Entwicklung Chinas zu Beginn unserer Zeitrechnung, wenn ihre Kenntnisnahme fehlt, nicht als vollständig und wissenschaftlich befriedigend angesehen werden kann. Zudem hat sich J. Dill in seiner Untersuchung bemüht, den Gang der historischen Ereignisse gewissenhafter, detaillierter und umfassender darzulegen, als das in entsprechenden Arbeiten gewöhnlich getan wird. Aus diesem Grunde und unter Berücksichtigung der Tatsache, daß sich keiner der sowjetischen Sinologen, soweit uns bekannt, mit vorliegendem Thema beschäftigt, auch in absehbarer Zukunft nicht, ist die Monographie von J. Dill von Interesse und kann ins Russische übersetzt werden.

S. Kučera [Kuczera][136]

22.
ИЗДАТЕЛЬСТВО НАУКА
ГЛАВНАЯРЕДАКЦИЯ ВОСТОЧНОЙ ЛИТЕРАТУРЫ

Д-ру Иоганну Дилю
Dr. Johann Dill
DDR 125 Erkner
Eichelgarten 26

28.10.1982 N° 400-24

Главная редакция восточной литературы издательства Наука предполагает опубликовать Вашу книгу о народных движениях в Китае в єпоху Хань и просит Вас выслать переработанный экземпляр рукописи в адрес издательства.

---

136 Stanislaw Robert Kučera (1928–2020), polnischer Historiker und Sinologe, promovierte 1981 an der Universität Warschau; er lehrte seit 1967 am Institut der Völker Asiens in Moskau, 1988–2000, 2002 an der Moskauer Staatsuniversität. Vgl. Miliband I, 763–764; Sergey Dmitriev in *Early China*, Bd. 44, September 2021, S 1–12.

Главный редактор
О.К. Дрейер[137]

23.
An die Kaderabteilung der Humboldt-Universität
Berlin

20.12.60

Betr.: Fachliche Beurteilung des Assistenten des Ostasiatischen Institutes
(Fachrichtung Sinologie) Johann Dill

Der Assistent des Ostasiatischen Institutes Johann Dill hat an der
Universität Leningrad zwei Jahre Sinologie studiert. 1953 kehrte er nach
Berlin zurück und setzte sein Studium an dem damaligen Institut für
Chinakunde fort. Da das Institut noch im Aufbau war, erklärte er sich bereit,
die Funktionen eines Assistenten zu übernehmen. Trotz dieser zusätzlichen
Belastung legte er 1956 die Abschlußprüfung mit der Note «sehr gut» ab.
Er blieb am Institut als Assistent weiter tätig und zeigte dabei gute
organisatorische Fähigkeiten. Mit gutem Erfolg wurde er auch im Unterricht eingesetzt und die Leitung von Seminaren ihm übertragen. Während
seines Studiums und Assistententätigkeit hat sich Herr Dill durch seinen
großen Fleiß und sein wissenschaftliches Interesse ausgezeichnet. Mit
großem Ernst ist er an die Vorbereitung seiner weiteren wissenschaftlichen
Arbeit herangegangen. So hat er z.B. alle zugänglichen Fachzeitschriften in
asiatischen und europäischen Sprachen verzettelt und eine umfangreiche
Datei angelegt, die schon jetzt ein sehr nützliches bibliographisches
Hilfsmittel darstellt. Mit derselben Gewissenhaftigkeit hat er an seiner
Dissertation über die Bauernaufstände der Han-Zeit gearbeitet und
weitgehende Quellenforschungen dazu geführt. Die Publikation einer
Arbeit zu diesem Thema, welche die Ergebnisse seiner Arbeit zum großen
Teil vorwegnimmt, verzögerten den Abschluß der Dissertation, die
umgestaltet werden mußte und an deren endgültigen Redaktion Herr Dill
jetzt arbeitet.

Ratchnevsky
(Prof. Dr. Ratchnevsky)

24.
Ergänzung zum Gutachten des Koll. Ratchnevsky über Herrn Johann Dill

Wenn man Herrn Dill nur von der fachlichen Seite begutachtet, gewinnt
man kein vollständiges Bild, umso mehr als beim Koll. Dill im Gegensatz
zu der Mehrzahl unserer Studenten eine deutliche Trennung zwischen der
fachlichen und gesellschaftlichen Seite seiner Tätigkeit zu verzeichnen war.
Er ist der Typus des korrekten, ja sogar überkorrekten Menschen, was sich
auf seine philologisch-fachliche Ausbildung günstig, auf seine

---

137   Oleg Konstantinovič Drejer (1919–1997), Hauptredakteur des Verlags Nauka 1964–1992,
      dann 1992–1997 Berater der Generaldirektion von Nauka. Vgl. Miliband I, 442–443.

gesellschaftliche Erziehung aber schlecht ausgewirkt hat. Er hielt sich streng an das Lernen, sah aber ebenso peinlich darauf, daß er nicht in gesellschaftliche Verpflichtungen einbezogen wurde, da das seiner Ansicht nach die fachliche Ausbildung störte. Es ist klar, daß er sich mit dieser Einstellung gerade unter der Jugend wenig Freunde geschaffen und die pädagogische Arbeit im Institut nicht günstig beeinflußt hat.

Seine Arbeit war solide und genau, seine Seminare und Übungen waren gut vorbereitet. Jede politische und gesellschaftliche Kundgebung aber wurde abgelehnt, sodaß bei den Mitstudenten der Eindruck entstehen mußte, daß er unserem Staat nur einen Teil seines Ich, die fachliche Arbeit, zur Verfügung stellt, dagegen dem Staat das Recht abspricht, auch Forderungen gesellschaftlicher Art an ihn zu stellen. Für alles, was über den Rahmen der fachlichen Arbeit hinausging, verlangte er den «Befehl» eines Vorgesetzten. Diesen erfüllte er korrekt, machte aber auch keinen Strich mehr. Die genaue Erfüllung war ein Schutzwall, hinter den man sich zurückzog, um in Ruhe gelassen zu werden. Charakteristisch für ihn war seine Tätigkeit als Kassierer im FDGB, wo er mit größter Genauigkeit und Pünktlichkeit die Beiträge einzog und ablieferte, aber sich sonst völlig zurückzog.

Leider ist es weder der FDJ noch mir gelungen, ihn umzuerziehen. Es ist uns nicht gelungen, aus ihm einen Menschen zu machen, der eingesehen hat, daß wir auch als gute Fachleute nie vergessen dürfen, daß wir Bürger der DDR, der ersten deutschen Arbeiter- und Bauernrepublik und damit deutsche Wissenschaftler eines neuen Typus sind. Sein Ideal war im Grunde der sogenannte «unpolitische» Gelehrte, und er wäre wahrscheinlich auch heute noch bereit, seine wissenschaftliche Arbeit in einer isolierten Kammer zu verrichten, ohne danach zu fragen, was draußen in der Welt vor sich geht. Ihm fehlte das Verständnis für die Notwendigkeit eines eindeutigen politischen Bekenntnisses, man vermißte bei ihm eine Haltung, aus der heraus er den Kampf um den Frieden, den Kampf gegen die Atombombe als unsere gemeinsame Sache, als Ehrenpflicht eines Bürgers der DDR angesehen und damit die innere Verbundenheit mit seinen Mitbürgern zum Ausdruck gebracht hätte. So wirkte er als eine Art Arbeits-Robot in einem Elfenbein-Turm.

Aus alledem wird verständlich, daß es schwer zu einer kameradschaftlichen Zusammenarbeit auch mit den Kollegen des wissenschaftlichen Nachwuchses kommen konnte. Es ist uns z.B. nicht gelungen, den Koll. Dill ständig zu unserer Mai-Demonstration heranzuziehen, und koll. Dill war wohl auch der einzige Vertreter unseres wissenschaftlichen Nachwuchses, der sich überhaupt nicht an den Vorbereitungen zur 150jahr-Feier der Humboldt-Universität beteiligt hat.

Obwohl Koll. Dill für alle Erzieher bei uns eine «harte Nuß» sein dürfte, stellt er mit seinem «Isolationismus» unseren pädagogischen Fähigkeiten entschiedene kein gutes Zeugnis aus. Wir dürfen uns auch nicht damit trösten, daß in der Akademie der Wissenschaften, wohin er jetzt geht, die Lehre, also das Gebiet, auf dem sich die genannten Eigenschaften des Herrn Dill am sichtbarsten auswirken würden, keine Rolle spielt, während sie auf dem Gebiet der Forschung weniger zur Geltung kommen. Das wäre m.E. ein gefährlicher Irrtum, der auf derselben Linie liegt, die sich bei uns leider schon ein gewisses Gewohnheitsrecht erworben hat: die Akademie ist das willkommene Sammelbecken aller «fachlich guten und gesellschaftlich Schlechten» – dort fällt es nicht weiter auf!

Wir sollten im Gegensatz zu dieser Auffassung unermüdlich daran arbeiten, bei uns den fachlich und gesellschaftlich guten Gelehrten zu bilden, der nicht in zwei Hälften auseinanderfällt, sondern eine untrennbare Einheit bildet und den staatsverbundenen Fachmann darstellt, den wir für den sozialistischen Staat erziehen wollen. Natürlich sind Universität und Akademie aus begreiflichen Gründen hier noch nicht auf gleicher Höhe angelangt.

Ich möchte zum Schluß der Hoffnung Ausdruck geben, daß es den Kollegen und Mitarbeitern des Koll. Dill, der übrigens unser erster sinologischer Doktorand ist, gelingen wird, ihm klarzumachen, daß er über seiner wissenschaftlichen Qualifikation, deren Wert wir durchaus nicht unterschätzen, nicht vergessen sollte, daß gerade in unserem Staate, gerade auf unserer Seite auch seine Zukunft liegt!

Berlin, den 3.1.61   Prof. Dr. Behrsing

25.

25.3.70

Betrifft: Beurteilung des Kollegen Dr. Johann Dill, geb. am 1.10.1927, für die Zeit vom 16.2.1966 bis 31.3.1970

Kollege Dr. Dill war vom 16.2.1966 bis 31.3.1970 als wissenschaftlicher Sekretär in der ZLGID tätig. Er bat am 5.1.1970 um die Aufhebung seines Arbeitsverhältnisses, da ihm in der Deutschen Staatsbibliothek Entwicklungsmöglichkeiten geboten werden, die seinen Kenntnissen und Fähigkeiten besser entsprechen.

Die besonderen Stärken des Kollegen Dr. Dill liegen auf dem Gebiet der Sprachwissenschaft. Außer der ständigen Pflege seiner erworbenen Sprachkenntnisse hat er selbständig die polnische Sprache erlernt. Auf dem Gebiet der Sprachwissenschaften arbeitet Kollege Dr. Dill mit einer überdurchschnittlichen, beispielgebenden Konsequenz und Verbundenheit. Außerdem ist ihm ein offener, ehrlicher Charakter eigen. Im Interesse der Sache, ohne Ansehen der Person, setzt er sich für Aufgaben ein, die er für richtig und notwendig erkannt hat. In dieser Haltung wirkt er positiv auf die Entwicklung des Kollektivs ein und gerät mit allen in Widerspruch, die seine Offenheit nicht mögen bzw. die seine konsequente Haltung nicht bejahen. Dr. Dill hat ein Format, das überdurchschnittliche Leistungen gewährleistet, wenn er richtig eingesetzt und seine Verbindung zur gesellschaftlichen Praxis besser wird. Ein Hemmnis dabei ist seine ideologische Auffassung. Er bejaht einen weltweiten Humanismus, von dessen Grundlage aus er alle gesellschaftlichen Prozesse und Erscheinungen objektiv zu werten versucht. Da er dabei nicht immer von einer konsequenten Klassenposition ausgeht, kommt er zu Auffassungen, die objektivistisch sind. Wenn er in diesen Fällen offen und überzeugend vom richtigen Standpunkt überzeugt wird, bejaht er diesen und handelt danach.

Aufgaben, die Dr. Dill nicht zusagen, erfüllt er pflichtgemäß aber vorwiegend mechanisch.

Der Einsatz von Dr. Dill als wissenschaftlicher Sekretär hat sich nicht bewährt. Neben Unzulänglichkeiten, die aus dem Entwicklungsprozeß unserer Einrichtung heraus zu sehen sind, für die Dr. Dill nicht verantwortlich gemacht werden kann, gab es Unzufriedenheit über seine Leistung, wenn ihm Aufgaben gestellt wurden, die eine unmittelbare gesellschaftliche Wirksamkeit verlangten und er im operativen Sinne, unter zeitweiliger Aufgabe seiner ihm vertrauten systematischen Arbeit gefordert wurde. Alle Aufgaben, die Dr. Dill übertragen wurden, hat er pünktlich erfüllt. Er ist in der Lage, Aufgabenbereiche, die ihm liegen, selbständig, verläßlich und verantwortungsbewußt zu lösen. Ihm unterstellten Mitarbeitern war er Vorbild. Er versteht es, die Mitarbeiter richtig anzuleiten und verantwortungsbewußt zu leiten. An der Entwicklung unseres Kollektivs hat er aktiven Anteil, besonders durch seinen Russischunterricht sowie durch seine vorbildliche moralische und prinzipienfeste Haltung. Zweimal hat er erfolgreich mit um die Erringung des Ehrentitels «Kollektiv der sozialistischen Arbeit» gekämpft.

Durch seine vorbildliche Konzentration in der Arbeit, seine Pünktlichkeit und seinen Ordnungssinn ist er ein wertvoller Mitarbeiter, der dadurch erzieherisch wirkt. In schwierigen Situationen und bei Stoßbelastungen ist er besonnen und bemüht sich um eine sinnvolle Lösung. Seinen Mitarbeitern gegenüber ist er ein guter Kollege, der akzeptiert wird. Sein Verhalten gegenüber Vorgesetzten ist diszipliniert und offen. Er akzeptiert Kritik und ist selbstkritisch. Er ist ein wertvoller Mitarbeiter, der sich über die zweckmäßigste Lösung von Aufgaben eigene Gedanken macht und Initiative entwickelt.

Seine äußere Erscheinung ist ansprechend, sein Benehmen und Auftreten sicher und gewandt.

Auf Grund seiner Leistungen und seines vorbildlichen Verhaltens wurde er dreimal im Kollektiv und einmal besonders für seinen Russischunterricht prämiiert.

Ernst Wirkner

In der Gewerkschaftsgruppenversammlung am 30.3.1970 beraten und bestätigt.
[Unterschrift]
Vertrauensmann

Zur Kenntnis genommen und zugestimmt am 30.3.1970.

Dr. Dill

26.
DEUTSCHE STAATSBIBLIOTHEK
Der Generaldirektor

1.4.1985

Lieber Kollege Dr. Dill,

es ist kein Aprilscherz, sondern belegbare Tatsache, daß sich Ihr Eintritt in die Reihen der Mitarbeiter der Deutschen Staatsbibliothek heute zum fünfzehnten Male jährt.

Bereits als junger Mann gehörten Sie in den fünfziger Jahren zu den Stammlesern der damaligen Orientalischen Abteilung und konnten den Bibliotheksbetrieb aus der Sicht eines Benutzers verfolgen. Das hat zweifellos Ihren Blick für das Wesentliche unserer Arbeit geschärft, an der Sie seit 1970 nun selbst mitwirken. Wir freuen uns über Ihr Bekenntnis, daß Ihre bibliothekarische Tätigkeit die Erfüllung Ihrer beruflichen Laufbahn darstelle. Wir dürfen Ihnen versichern, daß Ihre außergewöhnlichen, vor allem sprachlichen Kenntnisse und Fähigkeiten, die Sie engagiert in den Dienst unseres Hauses stellen, für die Deutsche Staatsbibliothek von unschätzbarem Wert sind.

Wir möchten Ihnen aus Anlaß Ihres Dienstjubiläums sehr herzlich für Ihre langjährige Arbeit als Fachreferent für Ostasien, aber auch für Ihre gesellschaftlichen Aktivitäten in der Freiwilligen Betriebsfeuerwehr sowie als Dolmetscher und Übersetzer bei zahlreichen Gelegenheiten herzlich danken. Für die Zukunft wünschen wir Ihnen Gesundheit, Freude und Erfolg im Beruf, wie auch im persönlichen Leben.
Mit freundlichen Grüßen

OBR Prof. Dr. Friedhilde Krause

27.
DEUTSCHE STAATSBIBLIOTHEK
Der Generaldirektor

Berlin, am 2. April 1990

Lieber Herr Kollege Dr. Dill,

am gestrigen 1. April ist es zwanzig Jahre her, daß Sie sich in den Kreis der Mitarbeiter der Deutschen Staatsbibliothek eingereiht haben. Dieser Schritt bedeutete für Sie keinen Neueintritt, ja kaum einen Wechsel des Arbeitsplatzes, denn seit Sie in den fünfziger Jahren Ihr Studentenpraktikum in unserem Hause leisteten, waren Sie als Mitarbeiter sowohl der Universität wie auch der Akademie wiederholt und über lange Zeit Stammgast im Orientalischen Lesesaal. Sie brauchten also, wenn man so sagen darf, nur die Seiten zu wechseln.

Daß Sie das getan haben, dankt Ihnen die Deutsche Staatsbibliothek

heute durch mich. Ihre ungewöhnlich umfangreichen und profunden
Kenntnisse europäischer und fernöstlicher Sprachen machen Sie nicht nur
der Asien-Afrika-Abteilung unentbehrlich, sondern sind offensichtlich auch
der Humboldt-Universität höchst willkommen und werden darüber hinaus
von vielen Kolleginnen und Kollegen gern genutzt. Wie denn überhaupt die
Bereitschaft zur Weitergabe Ihres Wissens und zu jedweder sonstigen Hilfe
zu Ihren im ganzen Haus geschätzten Eigenschaften zählt. Aber ich denke,
Sie sind des Ansehens längst gewahr geworden, das Sie genießen auf
Grund des Respekts vor Leistung, Charakter, Lebensweise und mensch-
lichem Verständnis.

Ich wünsche Ihnen, daß Sie sich dieser Anerkennung bis zur leider
absehbaren Beendigung Ihrer Berufstätigkeit und danach weiterhin bei
bester Gesundheit erfreuen mögen.
Mit freundlichen Grüßen

BR Doz. Dr. sc. Dieter Schmidmaier[138]

28.
Abschied für Johann Dill

Ab November dieses Jahres werden die Passanten zwischen Bahnhof
Friedrichstraße und Unter den Linden morgens und abends eine markante
Erscheinung vermissen. Ein Mann mit einem Vokabelheft in der Rechten
und einen Einkaufsrolli mit der linken hinter sich herziehend, geht nicht
mehr seinem Beruf nach: Dr. Johann Dill, wissenschaftlicher Bibliothekar
in der Orientabteilung der Staatsbibliothek hat das Rentenalter erreicht.

Er wurde zwar «erst» 1970 Mitarbeiter unseres Hauses, betrat aber
schon als Student 1953 die Bibliothek zum Praktikum und als Leser. Dem
waren bewegte Jahre seines jungen Lebens vorausgegangen: Schulzeit im
Kriege, Luftwaffenhelfer, Arbeitsdienst, Soldat zwischen Berlin und
Oderbruch (unter sieben Sturmangriffen – vorn die Rote Armee, hinten die
SS – überlebte er zwei als einziger), Deportation mit seiner Familie nach
Rußland, dort Abitur und Beginn des Studiums der Sinologie. Solche
zumeist leidvollen und schlimmen Erfahrungen prägten seine
Persönlichkeit und seine Überzeugungen nachhaltig: Ablehnung von Krieg,
Gewalt, Diktatur und geistiger Unfreiheit, Streben nach einer humanen
Welt auf der Grundlage klassischer Ideale durch Leistung und Pflege
mitmenschlicher Beziehungen. Was Wunder, daß er mit solcher Haltung
am Arbeitsplatz in Universität und Akademie nicht nur Freunde gewann.
Noch im Zuge seiner Promotion (1967) wurden ihm hervorragende
Fachkenntnisse, jedoch der vollkommene Mangel jener Eigenschaften
bescheinigt, die nach Meinung des Gutachters einen jungen
Wissenschaftler im ersten deutschen Arbeiter- und Bauernstaat hätten
auszeichnen sollen.

Dieser politische Leumund hinderte die Deutschen Staatsbibliothek
nicht, Johann Dill als Fachreferenten für Sinologie, Japanologie und

---

138 Dieter Schmidmaier (1938–), Bibliothekar, 1989–1991 Generaldirektor der Deutschen
    Staatsbibliothek.

Mongolistik einzustellen. Hier fand er nach eigenen Worten die Insel, die ihm ungestörte und sinnvolle fachliche Arbeit ermöglichte, ja mehr noch, die ihm die Chance gab, sein pädagogisches Talent zu entfalten. Dutzende Berufskollegen und Studenten haben im Laufe der Jahre die Gelegenheit genutzt, an seinem Arbeitsplatz, zwischen Bücherregalen, oft nur auf einem Brett sitzend, Sprachen zu lernen, zu vervollkommnen oder zu festigen. Das mochte Altgriechisch, Latein, Englisch, Französisch, Russisch oder Chinesisch, Japanisch, Mongolisch sein. In vernünftigen Grenzen, geduldig, mit großem Geschick erteilte er Unterricht und selbstverständlich ohne Honorar. Das bekam er erst, nachdem die Universität auf den Gelehrten im Magazin aufmerksam geworden war und ihm einen Lehrauftrag für klassisches Chinesisch und Japanisch erteilte. Auch dieser akademische Unterricht fand unter den skizzierten bescheidenen räumlichen Bedingungen statt, was seine Studenten nicht hinderte, mit Hochachtung und Verehrung zu ihm aufzublicken. Welch glänzende wissenschaftliche Laufbahn hätte Johann Dill offen gestanden, wenn die Verhältnisse eben nicht die der DDR gewesen wären! So hat er wenigstens breite Sympathie in der Bibliothek gefunden, ob er beim Möbelrücken zur Stelle war oder in der Betriebsfeuerwehr den Hydranten bediente, ob er ausländische Gäste betreute oder für einen verhinderten Kollegen den Dienst übernahm, ob er widerspenstige Benutzer zur Vernunft brachte oder ein Gartenfest organisierte. Stets freundlich und hilfsbereit, dabei aber unbestechlich in seinem Urteil, hat er sich zu einer anerkannten Instanz in beruflichen und menschlichen Fragen entwickelt. Wir alle werden Johann Dill vermissen, wir alle wünschen ihm aber auch von Herzen weitere fruchtbare Jahre im eigenen Heim und eigenen Garten.

Karl Schubarth[139]

[handschriftlicher Zusatz:] Herzlichst Ihr Karl Schubarth, 6.10.1992

29.
Universität Hamburg
Asien-Afrika-Institut
Arbeitsbereich für Thai- und Vietnamstudien
Prof. Dr. Jörg Thomas Engelbert[140]

Herrn Dr. Johann Dill
Eichelgarten 26
D-15537 Erkner

---

139   Auch: Karl Schubarth-Engelschall (1934–) promovierte 1965 in Leipzig mit der Arbeit *Arabische Berichte muslimischer Reisender und Geographen des Mittelalters über die Völker der Sahara.* Er war Direktor der Orientalischen [Asien-Afrika] Abteilung der Deutschen Staatsbibliothek in Berlin.
      Der obige Text erschien in: *Stichwort* NF 1.1992, 42.
140   Geb. 1961 in Potsdam, studierte an der Humboldt-Universität Vietnamesisch und Geschichte, Promotion 1990 in Vietnamistik, 2000 Habilitation dortselbst für Südostasiatische Geschichte. Seit 2002 Professor für Vietnamesische Sprache und Kultur an der Universität Hamburg.

7.1.2005

Sehr geehrter Herr Dr. Dill,

Nach vielen Jahren möchte ich Ihnen heute gern einmal wieder schreiben. Frau Grune[141] erzählte mir, daß sie Sie letztens getroffen habe und daß Sie sich noch an mich erinnern.

Gestatten Sie mir zunächst, Ihnen mein herzliches und aufrichtig empfundenes Mitgefühl zum Ableben Ihrer Frau zu übermitteln. Es war sicher ein harter Schlag, doch ich hoffe sehr, daß Sie in dieser für Sie sehr schweren Zeit vielleicht etwas Trost und Ablenkung in der Arbeit und in Ihren philologischen Studien finden. Das wäre ganz sicher auch, denke ich, im Sinne Ihrer Frau, die eine aktive, vielseitig interessierte und erfolgreiche Wissenschaftlerin war. Ich erinnere mich noch sehr gern an das Treffen bei Ihnen zu Hause.

Seit dem Wintersemester 2002 bin ich hier in Hamburg tätig. Die Arbeit bereitet mir große Freude und legt mir auch einige Verantwortung auf. Zum einen habe ich hier eine lebhafte, herausfordernde und kooperative Arbeitsatmophäre mit interessierten Studenten vorgefunden. Die Vietnamistik ist überdies gut eingebunden. Wir haben große und aktive Abteilungen für Sinologie, Japanologie und Indologie einerseits, sowie das in Deutschland einmalige Arbeitsgebiet Thaiistik und eine recht große Abteilung Austronesistik andererseits. Hier kann man etwas aufbauen, das gut verankert sein wird. Zum anderen gibt es hier nun, nach der Streichung der Vietnamistik in Berlin, die einzige Vietnamistik-Professur im gesamten deutschsprachigen Raum. Hoffentlich bleibt das nicht so. Das Land, die Sprache und Kultur wären es wert, auch in Deutschland mehr beachtet zu werden.

Meine Altchinesisch-Kenntnisse konnte und mußte ich ebenfalls reaktivieren. Laut Studienordnung – die bisher nie eingehalten wurde – gehört das Altvietnamesische zum Lehrplan. Wir haben das in die Tat umgesetzt und seit diesem Semester gibt es erst einmal ein entsprechendes Lehrangebot Sinovietnamesisch, das nicht nur von den Studierenden wahrgenommen werden muß, sondern sogar von Außenstehenden nachgefragt wird. Für mich besteht auf diese Weise die Möglichkeit, nachdem ich mich 15 Jahre lang mit moderner Geschichte Vietnams und Südostasiens beschäftigt habe, wieder in das Altchinesische hinein-zukommen. Es macht mir viel Spaß und erinnert mich oft [an] Ihren interessanten Unterricht in der alten Staatsbibliothek, von dem ich nach all den Jahren erstaunlich viel behalten habe.
Ich wünsche Ihnen alles Gute, vor allem Gesundheit!

---

141   Christina Grune (18.10.1950–), Fachreferentin für Vietnamistik und Südostasien an der Deutschen Staatsbibliothek/Staatsbibliothek zu Berlin von 1979 bis 31.12.2015.

Namenregister